CONQUISTE
a un enemigo
LLAMADO
PROMEDIO

John Mason

GRUPO NELSON
Una división de Thomas Nelson Publishers
Desde 1798

NASHVILLE   DALLAS   MÉXICO DF.   RÍO DE JANEIRO

© 2006 Editorial Betania
Una división de Grupo Nelson
Nashville, TN, E.U.A.
www.liderlatino.com

Título en inglés: *Conquering an Enemy Called Average*
© 1996 por John Mason
Publicado por Insight International

Traducción: *Raquel Monsalve*

Tipografía: *Grupo Nivel Uno, Inc.*

ISBN 978-0-88113-857-3

Impreso en E.U.A.
Printed in the U.S.A.

6ª Impresión, 12/2010

CONTENIDO

PARTE I:
MIRE HACIA ADENTRO

QG 02-13-14

PARTE II:
MIRE HACIA AFUERA

PARTE III:
MIRE HACIA ARRIBA

DEDICATORIA

Con mucho placer dedico este libro a mi maravillosa esposa, Linda,
y a nuestros cuatro fantásticos hijos: Michelle, Greg, Mike y Dave.

A Linda, gracias por la alegría y la plenitud
que traes a mi vida;

a Michelle, gracias por el amor que le demuestras a
«tu querido papito»;

a Greg, gracias por ser un joven muy bueno
y mi compañero de golf;

a Mike, gracias por tu divertida
ingeniosidad;

a David, gracias por esa increíble
sonrisa contagiosa.

AGRADECIMIENTOS

Quiero agradecer a cuatro buenos amigos cuyas palabras siempre me dejan mejor de lo que me han encontrado.

A Mike Loomis, por ser un portador de fe contagiosa
y lo mejor de Dios para mí;

a Tim Redmond, por tu discernimiento
y entusiasmo por mi vida;

a Bill Scheer, por la forma de entrega total
en que vives para Dios;

a Tom Winters, por tu consejo consecuente
y tu excelente sabiduría.

Introducción

Hace poco, hablé en una conferencia sobre «Cómo publicar un libro». La primera pregunta que me formularon fue: «¿Siempre supo usted que sería escritor?» Mi respuesta fue: «Si cuando asistía a la universidad, alguien me hubiera pedido que hiciera una lista con cincuenta cosas que quería hacer en la vida, escribir un libro no hubiera sido una de ellas». Cada vez que escribo un libro me sorprendo de cómo Dios puede usar a una persona como yo para hacerlo.

De esto se trata este libro. Dios tiene un plan para su vida y Sus planes son buenos. Tal vez usted sepa algunos de esos planes, y otros tal vez no los sepa. Mi propósito al escribir este libro es atacar cualquier esfera en su vida que le impide llegar a ser todo lo que usted puede ser.

Este libro es un libro especial para mí, y creo que también lo será para usted. Este libro, *Conquistando a un enemigo llamado promedio*, es el que sigue a mi libro anterior, *Un enemigo llamado promedio*. Aunque hasta ahora he escrito ocho libros, hay un lugar especial reservado en mi corazón para mi primer libro.

A medida que lee este libro, espere ser desafiado como nunca antes. Confíe en que Dios le hable y dirija sus pasos. Anticipe la llegada de nuevas ideas y entusiasmo a su vida. Crea en cambios permanentes y que continuarán.

¡Gracias por el privilegio de invertir en su vida!

John Mason

MIRE HACIA ADENTRO

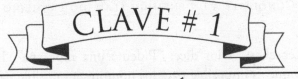

CLAVE # 1

CONOZCA SUS LÍMITES, ¡LUEGO IGNÓRELOS!

La vida es demasiado corta para pensar pensamientos pequeños. Más bien, haga lo que mi pastor, Joel Budd, nos alienta a hacer: «Camine por territorios desconocidos». La mayoría de las personas pueden hacer más de lo que creen que pueden hacer, pero por lo general hacen menos de lo que creen que pueden hacer. Usted nunca sabe lo que no puede hacer hasta que trate de hacerlo. Estoy de acuerdo con Oscar Wilde cuando dijo: «La moderación es algo fatal. Nada tiene tanto éxito como el exceso». Todo es posible —nunca use la palabra *nunca*. Charles Schwab dijo: «Cuando un hombre ha puesto un límite en lo que hará, ha puesto un límite en lo que puede hacer».

El doctor J. A. Holmes dijo: «Nunca le diga a una persona joven que algo no se puede hacer. Dios puede haber estado esperando durante siglos por alguien lo suficientemente ignorante de lo imposible, para hacerlo». Si *usted* les resta valor a sus sueños, esté seguro de que el mundo no les va a subir el precio. Usted encontrará que los grandes líderes muy pocas veces son «realistas» según las normas de otras personas.

La respuesta a su futuro se encuentra más allá de los límites que tiene ahora mismo. Si quiere ver si puede nadar, no se frustre con las aguas poco profundas. Cavett Robert dijo: «Todo hombre que escoja una meta en la vida que puede ser totalmente lograda ya ha definido sus propias limitaciones». Más bien sea como dijo Art Sepúlveda: «Sea una persona que hace historia y que sacude al mundo». Vaya adonde nunca ha ido antes.

Ronald McNair dijo: «Solo llega a ser un ganador si está dispuesto a caminar afuera de su zona de seguridad». Capte la perspectiva de

Randy Leoscher: «Dios dice: "Pídeme una montaña". La Biblia dice: "Lo que es imposible para los hombres, es posible para Dios" (Lucas 18.27). Destape la botella».

Cuando se sube al árbol más alto, gana el derecho a la mejor fruta. Dag Hammarskjold dijo: «¿Es la vida tan ingrata? ¿O es más bien que sus manos son demasiado pequeñas, su visión está empañada? Usted es quien tiene que crecer». Gloria Swanson dijo: «Nunca diga nunca. Nunca es una cosa grande, en la que no se puede depender, y la vida está demasiado llena de magníficas posibilidades como para ponerle restricciones».

Si cree que una idea es imposible, la hace imposible. Considere cuántos proyectos fantásticos se han malogrado debido a pensamientos estrechos, o han sido estrangulados al nacer por una imaginación cobarde. Me gusta lo que dijo Marabeau. Cuando escuchó la palabra «imposible», dijo: «Nunca quiero escuchar esa tonta palabra de nuevo».

Pearl Buck dijo: «Todas las cosas son posibles hasta que se prueban que son imposibles —y aun lo imposible puede serlo solo por ahora». John Ruskin dijo: «Sueñe sueños altos y a medida que sueña, así llegará a ser. Su visión es la promesa de lo que al final descubrirá». Alguien siempre está haciendo lo que alguien más dijo que no se podía hacer. Atrévase a pensar pensamientos impensables.

Desarrolle una capacidad infinita de pasar por alto lo que otros creen que no se puede hacer. No solo crezca donde ha sido plantado. Florezca donde ha sido plantado y lleve fruto. Daniel Webster dijo: «Siempre hay lugar en la cumbre». Nadie puede predecir a las alturas que usted puede volar. Aun usted mismo no lo sabrá hasta que abra las alas.

CLAVE # 2

NINGUNO DE LOS SECRETOS DEL ÉXITO VA A TRABAJAR PARA USTED A MENOS QUE USTED TRABAJE

Usted no puede realizar su destino teóricamente... se requiere TRABAJO. Ha sido creado para la acción. Es mucho más natural para usted estar haciendo algo que estar sentado. El éxito simplemente toma a las buenas ideas y las pone en acción. Lo que significa el sistema de *libre empresa* es que cuanto más usted *emprenda* tanto más *libre* será. Lo que nuestro país necesita es menos énfasis en las cosas que cuestan poco esfuerzo, y más énfasis en *emprender*.

Escuche las palabras de Shakespeare: «Nada puede salir de la nada». Una creencia no tiene valor alguno a menos que se convierta en acción. La palabra *«trabajo»* no es un concepto bíblico oscuro; aparece en la Biblia más de 500 veces. A menudo la respuesta simple a su oración es: *Póngase a trabajar.*

«Luchar por éxito sin trabajo duro es como tratar de cosechar donde no ha plantado» (David Bly). Sus creencias no significan mucho a menos que causen que se salga de las gradas y baje al campo de juego. Usted no puede simplemente soñar en lo que podría llegar a ser. La única vez que una persona perezosa tiene éxito es cuando trata de no hacer nada. Un famoso adagio antiguo lo dice mejor: «La pereza viaja tan lentamente que muy pronto la pobreza la alcanza».

Una persona que desperdicia cantidades de tiempo grandes hablando acerca del éxito ganará el «premio» al fracaso. Cuando usted es perezoso, debe trabajar el doble. Siempre es un tiempo difícil para una persona que trata de conseguir algo sin esfuerzo. Dios no hace jugo de manzanas —Él hace manzanas. Algunos dicen que *nada* es imposible, y sin embargo hay mucha gente que hace *nada* todos los días.

Algunas personas hacen cosas mientras que otros están sentados volviéndose expertos en cómo se podrían hacer las cosas. El mundo está dividido entre personas que hacen las cosas y personas que hablan sobre hacer las cosas. Forme parte del primer grupo —hay mucha menos competencia.

Yo creo que el Señor no nos dio una carga con el trabajo. Nos bendijo con él. «Todos los hombres son iguales en sus promesas. Lo que es diferente son sus hechos» (Moliere). El desear nunca ha hecho rica a una persona pobre. Robert Half lo expresa con claridad: «La pereza es el ingrediente secreto que va en el fracaso, pero solo se mantiene secreto de la persona que fracasa».

Dígase a sí mismo: «Las inspiraciones nunca tienen compromisos largos; demandan un matrimonio inmediato con la acción» (Bredon Francis). Si se supiera la verdad, la mayoría de nuestros problemas surgen por estar holgazaneando cuando deberíamos estar trabajando, y hablando cuando deberíamos estar escuchando.

Hay un hombre en el mundo a quien nunca rechazan
    dondequiera que vaya;
lo reciben con mucho agrado en el pueblo, o en el campo
    donde los granjeros hacen el heno;
lo saludan con placer en los arenosos desiertos, y también
    en las islas boscosas;
dondequiera que vaya, hay una mano de bienvenida
    —porque es el hombre que cumple su palabra.

—WALT WHITMAN

CLAVE # 3

NO HAY NADA EN EL MEDIO DEL CAMINO SINO RAYAS AMARILLAS Y ARMADILLOS MUERTOS.
—James Hightower

«Mi decisión es tal vez —y es final». ¿Lo describen a usted estas palabras? Para una vida de éxito es esencial ser decidido. Si se niega a ser una persona dedicada, ¿qué va a hacer con su vida? Todos los logros, grandes y pequeños, comienzan con una decisión.

La elección, y no el azar, determina el destino. Demasiadas personas van a través de la vida sin saber lo que quieren, pero sabiendo que no lo tienen. Herbert Prochnow dijo: «Llega un momento en el que debemos escoger firmemente el curso que vamos a seguir, o el implacable curso de los acontecimientos tomará la decisión por nosotros».

Demasiadas personas son como las carretillas, los remolques o las canoas. Tiene que ser empujadas, haladas o remadas. Usted o está moviendo a otras personas a que tomen decisiones o las personas lo están moviendo a usted. Decida hacer algo ahora para hacer que *su* vida sea mejor. La elección es suya.

David Ambrose observó: «Si usted tiene la voluntad para ganar, ha logrado la mitad de su éxito; si no la tiene, ha logrado la mitad de su fracaso». Lou Holtz dijo: «Si usted no se compromete totalmente con lo que sea que esté haciendo, entonces comienza a ver la forma en que puede salir la primera vez que el bote comienza a hacer agua. Es lo suficientemente difícil llevar al bote a la orilla cuando todos están remando, mucho más cuando un hombre se pone de pie y comienza a ponerse el chaleco salvavidas».

En el momento en que usted se compromete con decisión, Dios también se mueve. Toda clase de cosas comienzan a suceder para ayudarlo que de otra forma no hubieran ocurrido. Edgar Roberts dijo: «Cada mente humana es un gran poder dormido hasta que es despertada por un deseo profundo y una resolución definida de hacer algo». Kenneth Blanchard observó: «Existe una diferencia entre el interés y el compromiso. Cuando usted tiene interés en hacer algo, lo hace solo cuando le resulta conveniente. Cuando usted está comprometido, no acepta excusas, solo resultados». La falta de decisión ha causado más fracasos que la falta de inteligencia o habilidad.

Maurice Witzer dijo: «Muy pocas veces va a obtener lo que persigue a menos que por adelantado sepa lo que quiere». La indecisión a menudo le da ventaja a la otra persona porque ha pensado de antemano. Helen Keller dijo: «La ciencia puede haber encontrado una cura para la mayor parte de los males, pero no ha encontrado el remedio para el mayor de ellos —la apatía de los seres humanos». Josué nos alienta con estas palabras: «Escogeos hoy a quién sirváis...» (Josué 24.15). No deje para mañana una decisión que debe tomar hoy.

Bertrand Russel dijo: «Nada es tan agotador como la indecisión, y nada es tan inútil». Joseph Newton observó: «No lo que tenemos, sino lo que usamos; no lo que vemos, sino lo que escogemos —ésas son las cosas que perjudican o bendicen la felicidad del hombre». Recuerde, no sea alguien que está «en el medio del camino», porque el medio del camino es el peor lugar para tratar de avanzar. Hoy, decida actuar para lograr su sueño.

CLAVE # 4

USTED NO PUEDE CONDUCIR POR EL CAMINO HACIA EL ÉXITO SIN QUE SE LE PINCHEN UNO O DOS NEUMÁTICOS.

A la edad de treinta y tres años, Paul Galvin había fracasado dos veces en los negocios. Asistió a una subasta de su propio negocio de vender baterías. Con sus últimos $750 dólares, compró una parte de dicho negocio. Esa parte se convirtió en la compañía Motorola. Cuando se retiró en la década del 1960, dijo: «No les teman a los errores. Van a conocer el fracaso, pero continúen hacia adelante». George Bernard Shaw dijo: «Una vida pasada cometiendo errores es más útil que una vida pasada no haciendo nada». Si espera que su vida esté perfectamente ajustada a sus especificaciones, va a vivir una vida de frustración continua. Cuando comete errores, simplemente aprenda de ellos y no responda con repeticiones.

David McNally observó: «La vida llena de errores es mucho más satisfactoria, más interesante y más estimulante que la vida que nunca ha tomado riesgos o ha tomado una posición sobre algo». ¿Cuál es la diferencia entre los campeones y las personas promedio? Tom Hopkins dice: «La diferencia más importante entre los que son campeones para los logros y las personas promedio es la habilidad de aquellos de manejar el rechazo y el fracaso». Escuche las palabras de S. I. Hayakawa: «Fíjese en la diferencia en lo que sucede cuando un hombre se dice a sí mismo: "He fracasado tres veces", y lo que sucede cuando dice: "Soy un fracasado"». El fracaso es una situación, nunca es una persona.

A veces los errores son nuestros mejores maestros. La Biblia dice en el libro de Eclesiastés: «En el día del bien goza del bien; y en el día de la adversidad considera» (7.14). Oswald Avery aconseja:

«Cuando se cae, recoja algo». El hombre que inventó el borrador había entendido bastante bien a la raza humana. Usted encontrará que las personas que no hacen errores, tampoco hacen ninguna otra cosa. Es verdad: usted puede sacar ventaja de sus errores. Es por eso que estoy convencido de que voy a llegar a ser millonario.

El fracaso no es caerse, sino quedarse caído. Sea como Jonás, que cuando fue tragado por un enorme pez, probó que un buen hombre no puede permanecer caído. Recuerde que un tropezón no es una caída. El libro de Proverbios dice: «Porque siete veces cae el justo, y vuelve a levantarse» (24.16). Herman Melville escribió: «El hombre que nunca ha fracasado en algún lugar, no puede ser grande».

La persona que nunca comete un error a menudo recibe órdenes y vive su vida en función de alguien que comete errores. William Ward dijo: «El fracaso es demora, pero no derrota. Es un desvío temporal, no una calle sin salida». Thomas Edison, quien es recordado por sus éxitos y no por sus fracasos, reflexionó: «Las personas no son recordadas por las pocas veces que fracasan, sino por la frecuencia con que tienen éxito». Cada paso equivocado puede ser otro paso hacia delante. David Burns dijo: «Afirme su derecho a cometer unos pocos errores. Si la gente no puede aceptar sus imperfecciones, es culpa de ellos».

Louis Boone dijo: «No le tema tanto al fracaso que se rehúse a tratar cosas nuevas. El resumen más triste de una vida contiene tres descripciones: podría, habría, y debería haber». Robert Schuller escribió: «Fíjese en lo que le queda, nunca mire lo que perdió». Si usted aprende de ellos, los errores son muy valiosos. Cultive esta actitud y nunca tendrá vergüenza de probar. Descubra las joyas que hay en sus errores.

CLAVE # 5

LA IMITACIÓN ES LIMITACIÓN.

«Si Dios hubiera querido que usted fuera diferente, lo habría creado diferente» (Goethe). Atrévase a ser quien es. Un proverbio congolés afirma: «La madera puede estar diez años en el agua, pero nunca va a llegar a ser un cocodrilo». La Biblia pregunta: «¿Mudará el etíope su piel, y el leopardo sus manchas?» (Jeremías 13.23) Julius Hare aconseja: «Sea lo que es. Éste es el primer paso hacia llegar a ser mejor de lo que es».

«Mi madre me dijo: "Si llegas a ser soldado, te convertirás en un general, si eres monje, llegarás a ser Papa". En cambio, llegué a ser pintor y llegué a ser Picasso», dijo el gran artista. Nadie jamás llegó a ser grande por la imitación. La imitación es limitación. No sea una copia de algo. Haga su propia impresión.

«La paradoja curiosa es que cuando me acepto a mí mismo tal como soy, entonces puedo cambiar» (Carl Rogers). Los senderos gastados son para hombres gastados. Frederich Klopstock comentó: «El que no tiene una opinión propia, sino que depende de las opiniones de los demás, es un esclavo. Solamente soñar en la persona que se supone que usted sea es desperdiciar la persona que es». Nadie está tan desilusionado y tan desdichado como la persona que toda su vida anhela ser quien en realidad no es.

La persona que se amolda para agradar a todo el mundo muy pronto encontrará que se desgasta a sí misma. Todas las personas son creadas iguales y su Creador las ha dotado de un poderoso impulso para ser diferentes. Si usted no tiene un plan para su vida, llegará a ser parte del plan de alguien más. Debajo del mismo sombrero no caben dos cabezas al mismo tiempo. Nunca quiera ser nada sino usted mismo. «Es mejor ser odiado por lo que es que amado por lo que no es» (Andre Gide).

«Todas las personas descontentas que conozco están tratando de ser alguien que no son, hacer algo que no pueden hacer» (David Grayson). Cuando usted no se atreve a ser usted mismo, le faltará confianza y continuamente ansiará ser admirado. Vivirá en la reflexión de sí mismo en los ojos de otros.

«Un hombre es más interesante que los hombres. Es él, singularmente, a quien Dios lo hizo a Su imagen. Cada uno es más precioso que todos» (Andre Gide). «Todas las cosas buenas que existen son el fruto de la originalidad» (John Mills). Solo hay una vida para cada uno de nosotros —la vida propia. La persona que camina en las huellas de alguien más, nunca deja sus propias huellas. Doris Mortman observó: «Hasta que usted no haga la paz con quien es, nunca va a estar contento con lo que tiene». La mayor parte de nuestros desafíos en la vida vienen de no conocernos a nosotros mismos y de no saber cuáles son nuestras virtudes mejores y verdaderas.

La mayor parte de la gente vive toda la vida como extraños a sí mismos. No permita que eso le suceda a usted. En 1 Reyes 14.6, la Biblia dice: «¿Por qué te finges otra [persona]?» Leo Buscaglia aconsejó: «Lo más fácil del mundo es ser usted mismo. Lo más difícil es ser lo que otra gente quiere que usted sea. No deje que lo pongan en esa posición». Lo opuesto al valor no es el temor, es la conformidad. Lo más extenuante y frustrante en la vida es tratar de vivir siendo otra persona.

CLAVE # 6

LA SEGURIDAD
—¡AL ÚLTIMO LUGAR!

Por muchos años: «"La seguridad primero" ha sido el lema de la raza humana... pero nunca ha sido el lema de los líderes. Un líder debe enfrentarse al peligro. Debe tomar el riesgo y la culpa, y enfrentarse a lo peor de la tormenta» (Herbert Casson). Si quiere tener éxito, debe tener una oportunidad o arriesgarse. Usted no puede sacar la cabeza por encima del agua, si nunca se ha arriesgado.

Un sueño que no incluye peligro no es en realidad digno de ser llamado sueño. Halifax dijo: «El hombre que no deja nada librado a la oportunidad va a hacer muy pocas cosas mal, pero va a hacer muy pocas cosas». Si nunca se arriesga riesgos, nunca va a realizar grandes logros. Todos mueren, pero no todos han vivido.

C. S. Lewis dijo: «El camino más seguro al infierno es un camino gradual —la bajada moderada, que se siente suave al caminar, sin curvas bruscas, sin hitos, sin carteles de anuncio». Elizabeth Kenny reflexiona: «Es mejor ser león durante un día, que una oveja durante toda la vida». Si usted no se atreve a nada, no debe esperar nada.

Si no arriesga nada, en realidad arriesga mucho. John Newman escribió: «Los planes calculados nunca han hecho un héroe». Cada persona tiene una oportunidad de mejorarse a sí misma, pero algunas no creen en tomar riesgos. Estoy de acuerdo con Lois Platford cuando dijo: «Usted tiene toda la eternidad para ser cuidadoso, y entonces está muerto». Ser destinado para la grandeza requiere que tome riesgos y que confronte enormes peligros.

Es un hecho irrefutable que va a perder 100 por ciento de los tiros que no ejecuta. Estoy de acuerdo con Stemmons cuando dijo:

«Si sus oportunidades son pocas y ninguna… vaya con las pocas». Morris West dijo: «Si se pasa toda la vida adentro esperando las tormentas, nunca va a disfrutar de la luz del sol». Nadie alcanza la cumbre sin arriesgarse.

Escuche las palabras de Conrad Hilton: «Yo aliento la osadía porque el peligro de la antigüedad en el trabajo y los planes de pensión tientan a una persona joven para que permanezca esclavo de la rutina llamada seguridad en lugar de encontrar su propio arco iris». Chuck Yeager comentó: «Usted no se concentra en el peligro. Se concentra en los resultados. Ningún riesgo es tan grande como para impedir que sea hecha la tarea necesaria».

Cuando usted ve a una persona de éxito, le garantizo que esa persona corrió riesgos y tomó decisiones valientes. El éxito favorece a los valientes. El mundo es un libro y los que no toman riesgos leen solo una página. David Mahoney dijo: «Rehúsese a unirse a la multitud de cuidadosos que juegan para no perder. Juegue para ganar».

Metastaisio observó: «Toda noble adquisición está acompañada de su riesgo; el que teme encontrase con uno no debe esperar obtener el otro». Escuche a Tommy Barnett: «Mucha gente cree que usted está realmente caminando por fe cuando no hay riesgos, pero la verdad es que cuanto más tiempo camina con Dios… más grande es el riesgo». Si se ha encontrado que en su vida nunca se sintió con miedo, avergonzado, desilusionado o herido, quiere decir que nunca ha tomado riesgos.

David Viscot escribió: «Si su vida va a ser mejor, tendrá que tomar riesgos. No existe forma de crecer sin tomar riesgos». Usted tiene la oportunidad de mejorarse a sí mismo. Crea en tomar riesgos.

CLAVE # 7

HAGA MÁS...

Haga más que existir, viva.

Haga más que oír, escuche.

Haga más que estar de acuerdo, coopere.

Haga más que hablar, comuníquese.

Haga más que crecer, florezca.

Haga más que gastar, invierta.

Haga más que pensar, cree.

Haga más que trabajar, destáquese.

Haga más que compartir, dé.

Haga más que decidir, discierna.

Haga más que considerar, comprométase.

Haga más que perdonar, olvide.

Haga más que ayudar, sirva.

Haga más que coexistir, reconcíliese.

Haga más que cantar, adore.

Haga más que pensar, planee.

Haga más que soñar, accione.

Haga más que ver, perciba.

Haga más que leer, aplique.

Haga más que recibir, retribuya.

Haga más que escoger, enfóquese.

Haga más que desear, crea.

Haga más que dar consejo, ayude.

Haga más que hablar, imparta.

Haga más que alentar, inspire.

Haga más que sumar, multiplique.

Haga más que cambiar, mejore.

Haga más que tratar de alcanzar, alcance.

Haga más que reflexionar, ore.

CLAVE # 8

EL LUGAR PARA COMENZAR ES DONDE ESTÁ.

Comience con lo que tiene, no con lo que no tiene. La oportunidad siempre se encuentra donde usted está, no donde estuvo. Para llegar a algún lugar, usted debe comenzar a ir hacia un lugar, o no va a llegar a ningún lado. Hamilton Mabie dijo: «El asunto que todo hombre debe resolver no es lo que haría si tuviera los medios, el tiempo, la influencia y las ventajas de una buena educación, sino lo que hará con las cosas que tiene». Dios siempre nos dará la habilidad de crear lo que necesitamos de algo que ya está aquí.

La gente tiende a subestimar o sobreestimar lo que no poseen. Ed Howe dijo: «Las personas siempre están descuidando algo que pueden hacer y tratan de hacer algo que no pueden hacer». Estoy de acuerdo con Teddy Roosevelt cuando dijo: «Haga lo que puede, con lo que tiene, donde está». La única forma de aprender algo a fondo es comenzando en la parte de abajo (excepto cuando se aprende a nadar). Para tener éxito, haga lo que puede.

Ken Keys Jr. dijo: «Estar disgustado por lo que no tiene es desperdiciar lo que tiene». La verdad es que muchos han tenido éxito porque no tenían las ventajas que tenían otras personas. Las personas emprendedoras logran más que otras porque avanzan y hacen algo antes de estar listos para hacerlo.

Epicuro dijo: «No eche a perder lo que tiene queriendo tener lo que no tiene; pero recuerde que lo que ahora tiene una vez estuvo entre las cosas que esperaba tener». Henri Amiel observó: «Casi todo viene de casi nada».

Ninguna mejora es tan cierta como la que procede del uso apropiado y a tiempo de lo que usted ya tiene. Mike Murdock dijo: «Lo que sea que Dios le ha dado creará cualquier otra cosa que Él le ha prometido». Todos los que han llegado tuvieron que comenzar en el lugar donde estaban.

La verdad es que no sabe lo que puede hacer hasta que trate de hacerlo. Lo más importante para alcanzar su sueño es comenzar en el lugar en que está. Edgard Hail dijo: «No puedo hacer todo, pero sí puedo hacer algo; y debido a que no puedo hacer todas las cosas no me rehusaré a hacer la cosa que puedo hacer».

Sin adelantarme ni retrasarme
Miro en esperanza sin temor;
Sino que con gratitud tomo el bien que encuentro,
Lo mejor de ahora y de aquí.

—JOHN GREENLEAF WHITTIER

CLAVE # 9

NOÉ NO ESPERÓ QUE SE LE SOLUCIONARAN LAS COSAS —LAS SOLUCIONÓ CONSTRUYENDO EL ARCA.

¡Aproveche el momento! «Los milagros están pasando por su lado o le llegan todos los días» (Oral Roberts). Hoy una vez fue el futuro del cual usted esperaba tanto en el pasado. Horatio Dresser dijo: «Lo ideal nunca llega. Hoy es el día ideal para el que lo hace ideal». Viva para hoy. No deje que lo que tiene a su alcance hoy se pierda totalmente porque solo le interesa el futuro y el pasado lo desalienta.

Hacer lo mejor en este momento lo pone en el mejor lugar para el próximo momento. ¿Cuándo puede vivir sino para ahora mismo? Todas las flores de mañana se encuentran en las semillas de hoy. Séneca dijo: «Comience a vivir de inmediato». Ellen Metcalf observó: «Hay muchas personas que están en el lugar acertado en el momento acertado pero que no lo saben». Está bien tomar tiempo para hacer planes, pero cuando ha llegado el momento de la acción, ¡deje de pensar y prosiga adelante!

La Biblia dice: «Enséñanos de tal modo a contar nuestros días, que traigamos al corazón sabiduría» (Salmo 90.12) Marie Edgeworth dijo: «No hay momento como el presente. El hombre que no lleve a cabo sus resoluciones cuando recién son hechas, no puede tener esperanza de lograrlas después; porque serán disipadas, perdidas y morirán en la precipitación y confusión del mundo, o se hundirán en el fango de la indolencia».

John Burroughs dijo: «La lección que la vida repite y constantemente enfatiza es: "Mírese los pies". Siempre está más cerca de lo que cree… La gran oportunidad está donde está usted. No desprecie su propio lugar y su propio momento». Lo más importante en nuestra vida es lo que estamos haciendo ahora.

Conozca el verdadero valor de hoy. Yo estoy de acuerdo con Jonathan Swift cuando dijo: «Que usted pueda vivir todos los días de su vida». El futuro que espera y por el que sueña comienza hoy. Ralph Waldo Emerson dijo: «Escriba en su corazón que cada día es el mejor día del año».

Los remordimientos que la mayoría de la gente tiene en la vida provienen de fallar en actuar cuando se presenta la oportunidad. Albert Dunning dijo: «Las grandes oportunidades nos llegan a todos, pero muchos todavía no saben que las han encontrado. El único preparativo para aprovecharlas es… esperar lo que trae cada día». Segunda de Corintios 6.2 dice: «He aquí ahora el tiempo aceptable». Estoy de acuerdo con Martial cuando dijo: «La vida del día de mañana es demasiado tarde; viva hoy». Wayne Dryer observó: «Ahora es todo lo que tenemos. Todo lo que ha pasado, y todo lo que le va a pasar a usted, es solo un pensamiento». Hoy, si se vive bien, lo va a preparar para tanto las oportunidades como los obstáculos de mañana.

Muy pocas personas saben cómo comportarse en una ocasión dada. La mayoría simplemente no hace nada. Muchos pasan demasiado tiempo soñando con el futuro, y nunca se dan cuenta de que un poco del futuro llega todos los días. Estoy de acuerdo con Ruth Schabacker cuando dijo: «Cada día llega trayendo sus propios regalos. Desate las moñas de adorno».

CLAVE # 10

VIVIR UNA VIDA DOBLE NO LO LLEVARÁ A NINGÚN LADO CON EL DOBLE DE RAPIDEZ.

Carácter es algo que usted tiene o es. Algunas personas tratan de hacer algo para sí mismas. Otras tratan de hacer algo de sí misma. Tryon Edwasd dijo: «Los pensamientos llevan a los propósitos; los propósitos llevan a la acción; las acciones forman hábitos; los hábitos deciden el carácter; y el carácter determina nuestro destino». La Biblia afirma en Proverbios 22.1: «De más estima es el buen nombre que las muchas riquezas».

El carácter es el verdadero cimiento de todo el éxito que vale la pena. Una buena pregunta para formularse a sí mismo es: «¿Qué clase de mundo sería este si todo el mundo fuera como yo?» Usted es simplemente un libro abierto que le habla al mundo sobre su autor. John Morely comentó: «Ningún hombre puede ascender más allá que las limitaciones de su propio carácter».

Nunca tenga miedo de hacer lo correcto. Marco Aurelio exhortó: «Nunca estimes de valor para ti aquello que te hará romper tu palabra o perder tu dignidad». W. J. Dawson aconsejó: «No es preciso que escoja el mal; sino que falle en escoger el bien, y con bastante velocidad irá hacia el mal. No es preciso que diga: "Seré malo", solo tiene que decir: "No escogeré la elección de Dios", y la elección ya está determinada». No existe tal cosa como un *mal necesario*. Phillip Brooks dijo: «Un hombre que es derecho y que vive según el bien tiene más poder en su silencio que otro tiene con sus palabras».

La reputación de muchos hombres no reconocería a su carácter si se encontraran en la oscuridad. Para cambiar su carácter, debe comenzar en el centro de control —el corazón. La bancarrota espiritual es inevitable cuando un hombre ya no puede pagar el interés en sus obligaciones morales.

Henry Ward Beecher dijo: «Ningún hombre puede decir si es rico o pobre mirando su libro de contabilidad. Lo que hace rico a un hombre es el corazón. El hombre es rico de acuerdo a lo que es, no de acuerdo a lo que tiene». Viva de forma que sus amigos lo puedan defender, pero que nunca tengan que hacerlo. Considere lo que dijo Woodrow Wilson: «Si usted piensa en lo que debería hacer por la gente, su carácter va a cuidarse a sí mismo». La excelencia en el carácter se muestra cuando hacemos, sin que nadie nos vea, lo que haríamos delante de todo el mundo.

Permítame presentarle esta pregunta: *¿Estaría orgulloso el niño que fue del hombre que usted es hoy?* Su llamado es crecer como un árbol, no como un hongo. Es difícil subir alto cuando su carácter es bajo. El mejor sermón del mundo es predicado por una señal de camino: *Siga derecho.*

CLAVE # 11

UNA EXCUSA ES EL ARTÍCULO MANUFACTURADO MÁS IMPRODUCTIVO QUE EXISTE.

Cuando se trata de excusas, el mundo está lleno de grandes inventores. Algunas personas pasan la mitad de su vida diciendo lo que van a hacer y la otra mitad explicando por qué no lo hicieron. Una excusa es la prueba de que hizo lo que no hizo, para que otros crean que no hizo lo que hizo.

Usted puede fracasar muchas veces y no ser un fracasado hasta que comienza a culpar a otra persona. Nuestros propios errores fracasan en la misión de ayudarnos cuando culpamos a otras personas por ellos. Cuando usted usa excusas está renunciando a su poder de cambiar.

Usted trata bien a otros cuando no los culpa por cualquier cosa que está realmente mal con sí mismo. «No se preocupe de quién alaba, pero tenga cuidado de quién culpa» (Edmond Gosse). Usted puede caer muchas veces, pero no será un fracaso hasta que diga que alguien lo empujó.

Si puede encontrar una excusa, no la use. La mayoría de las personas fracasadas son expertas haciendo excusas. Siempre hay suficientes excusas disponibles si usted es lo suficientemente débil como para usarlas. El mundo no tiene cabida para todas las excusas poco convincentes que existen. Siempre es más fácil encontrar excusas que tiempo para hacer las cosas que no queremos hacer.

Así que, encuentre una forma de hacer algo, no una excusa. No hay excusa para un ser humano que está lleno de excusas. Cuando comete un error y luego da una excusa por él, ha cometido dos errores. Fíjese en esta verdad: «El zorro le echa la culpa a la trampa, no a sí mismo» (Blake). No hable como lo haría un zorro.

Nunca se queje y nunca explique. «Admitir un error aclara las cosas y prueba que usted es más sabio que antes» (Arthur Guiterman). Siempre es más fácil hacer un trabajo bien que crear una excusa de por qué no lo hizo. El diablo espera con ansias para proveerle una excusa para cada pecado. El tiempo que se malgasta pensando en excusas y en coartadas sería mejor utilizado orando, haciendo planes, preparándose y trabajando hacia sus metas en la vida.

CLAVE # 12

HOY UN LECTOR, MAÑANA UN LÍDER.
—W. Fusselman

¿Se ha dado cuenta de cuántas de las personas que conoce están literalmente en el mismo lugar hoy en que estaban hace cinco años? Todavía tienen los mismos sueños, los mismos problemas, las mismas excusas, las mismas oportunidades. Están inmóviles en la vida.

Muchas personas literalmente desenchufan su reloj en cierto punto en el tiempo y permanecen fijas en ese momento el resto de sus vidas. La voluntad de Dios para nosotros es que crezcamos, que continuemos aprendiendo y que mejoremos. Lo más grande de su vida es que tiene la capacidad de mejorar.

Un famoso dicho dice así: «Lo que cuenta es lo que usted aprende después de saber algo». Debo admitir que soy un poco fanático en cuanto a esto. Detesto tener tiempo de ocio, tiempo en el cual no estoy aprendiendo algo. Los que están alrededor de mí saben que siempre tengo que tener algo para leer o escribir durante los momentos de ocio que se me puedan presentar. De hecho, trato de aprender de todo el mundo. De alguien tal vez aprenda lo que no hacer, mientras que de otro aprendo lo que hacer. Aprenda de los errores de otros. Usted nunca puede vivir lo suficiente como para cometer todos los errores por sí mismo. Se puede aprender más de un hombre sabio cuando se equivoca que de un hombre necio cuando está en lo correcto.

Goethe dijo: «Todo el mundo quiere ser, nadie quiere crecer». Estoy de acuerdo con Van Crouch: «Usted nunca va a cambiar sus acciones hasta que no cambie la forma de pensar». Una clave importante para continuar creciendo es nunca dejar de formular preguntas. La persona que tiene miedo de formular preguntas tiene miedo de aprender. Solo las mentes que tienen hambre pueden crecer. Todos deberíamos saber de lo que estamos huyendo, y hacia lo que vamos y por qué vamos allí.

Deberíamos aprender como si fuéramos a vivir para siempre, y vivir como si nos fuéramos a morir mañana. Harvey Ullman dijo: «Cualquier persona que deja de aprender es vieja, ya sea que eso suceda a los 20 o a los 80 años. Cualquiera que sigue aprendiendo no solo permanece joven, sino que como consecuencia se vuelve más valioso, sin tomar en cuenta su capacidad física». A Timoteo se le instruyó: «Procura con diligencia presentarte a Dios aprobado...» (2 Timoteo 2.15). Es muy agradable continuar aprendiendo. Aprender le trae aprobación a su vida.

Aprenda de otras personas. Aprenda a ver en los desafíos de otros los errores que usted debería evitar. La experiencia es una posesión presente que evita que repitamos el pasado en el futuro. La vida nos enseña dándonos nuevos problemas antes de que hayamos resuelto los anteriores. ¿Cree usted que estudiar es caro o difícil? Escuche a Derek Bok: «Si usted cree que los estudios son caros —pruebe la ignorancia».

CLAVE # 13

STATU QUO.
(Expresión latina para «el enredo en que estamos»).

Cambio. Espero que esta palabra no lo asuste, sino que lo inspire. Herbert Spencer dijo: «Una cosa viva se distingue de una cosa muerta por la multiplicidad de cambios que tienen lugar en un momento dado». El cambio es evidencia de que hay vida. Es imposible crecer sin cambiar. Los que no pueden cambiar de idea no pueden cambiar nada. La verdad es, la vida siempre está en algún punto de cambio.

Lo que la gente quiere es progreso, si lo pueden tener sin cambio. ¡Imposible! Usted debe cambiar y reconocer que el cambio es su mayor aliado. La persona que nunca cambia de opinión, nunca rectifica sus errores. La verdad es que el camino al éxito siempre está en construcción.

La fórmula del éxito de ayer a menudo es la receta de mañana para el fracaso. Considere lo que dijo Thomas Watson, el fundador de la Compañía IBM: «Hay un mercado mundial para unas cinco computadoras». ¿Dónde estaría la IBM hoy si el señor Watson no hubiera estado dispuesto a cambiar?

Usted no puede llegar a lo que ha sido destinado a ser si permanece como es. John Patterson dijo: «Solo los necios y los muertos no cambian de idea. Los necios no lo harán. Los muertos no lo pueden hacer». Si usted no respeta la necesidad de cambiar, considere lo siguiente: ¿Cuántas cosas ha visto que han cambiado solo en el año pasado? Cuando usted se cambia a sí mismo, las oportunidades cambiarán. La misma forma de pensar que lo ha traído adonde está hoy, no necesariamente lo llevará adonde quiere ir. Sante Boeve descubrió esta verdad: «Hay personas cuyo reloj se para a una cierta hora y que siempre permanecen en esa edad».

No le tenga miedo al cambio; es una ley incambiable del progreso. El hombre que en su negocio usa los métodos de ayer en el mundo de hoy, no tendrá un negocio mañana. Una persona tradicional es simplemente una persona cuya mente siempre está abierta a ideas nuevas, siempre y cuando sean las mismas ideas viejas. «Hay personas que no solo luchan para permanecer estáticas ellas mismas, sino que luchan para mantener a todo el mundo de esa forma... su posición es casi risiblemente sin esperanza» (Odell Shepard).

Mignon McLaughlin dijo: «La gente más desdichada es la que más le teme al cambio». Cuando se rompen los patrones y las tradiciones, se presentan nuevas oportunidades. Defender sus faltas y errores solo prueba que no tiene intención de abandonarlos. Todo el progreso se debe a las personas que no se conformaron con dejar las cosas como estaban. No le tuvieron temor al cambio. El cambio no es su enemigo, es su amigo.

VAYA DELANTE DE SÍ MISMO.

«Lo que debemos hacer en la vida no es llegar más lejos que otros, sino llegar más lejos que nosotros mismos, romper nuestro propio récord, hoy aventajar a nuestros ayer, hacer nuestro trabajo con más fuerza que nunca antes» (Stewart Johnson). Si quiere saber quién es responsable por la mayoría de sus problemas, mírese al espejo. Si usted pudiera darle puntapiés a la persona responsable por la mayoría de sus problemas, no se podría sentar por tres semanas. Es hora de que dejemos de darnos problemas a nosotros mismos.

La mayoría de los problemas de que se queja la gente residen en sí mismos. Luis XIV comentó: «Hay poco que pueda detener a un hombre que se ha conquistado a sí mismo». El consejo sabio de la Biblia es: «Como ciudad derribada y sin muro es el hombre cuyo espíritu no tiene rienda» (Proverbios 25.28).

«Su futuro depende de muchas cosas, pero principalmente depende de usted» (Frank Tyger). Puede tener éxito aunque nadie más crea en usted, pero nunca va a tener éxito si no cree en sí mismo. Zig Ziglar observa: «Lo que usted se pinta en la mente, la mente va a trabajar para obtenerlo. Cuando cambia sus pensamientos, automáticamente cambia su desempeño». Lo que sea que siempre pone a continuación de las palabras «Yo soy», en eso se convertirá.

Ralph Waldo Emerson dijo: «Es imposible que a un hombre lo estafen, sólo él puede estafarse a sí mismo». Tome control de su mente o su mente tomará control de usted. Su imaginación es la que dicta su disposición a ir en una dirección positiva. Norman Vicent Peale hizo la siguiente observación: «No construya obstáculos en su imaginación. Recuérdese a sí mismo que Dios está con usted y que nada puede derrotar a Dios».

«Nuestros mejores amigos y nuestros peores enemigos son los pensamientos que tenemos sobre nosotros mismos» (Doctor Frank Crane). Deje de mirar a donde está y comience a mirar a lo que puede ser. La Biblia declara: «Porque cual es su pensamiento en su corazón, tal es él» (Proverbios 23.7). Tenga cuidado de lo que piensa. Sus pensamientos se pueden convertir en palabras en un momento, y con rapidez, sus palabras se convierten en acciones. La forma de pensar equivocada casi siempre lleva a la desdicha.

Nadie lo puede vencer a menos que usted se venza a sí mismo. La imagen que tiene de sí mismo establece las fronteras y los límites de sus logros individuales. Charles Colton dijo: «De seguro que vamos a ser perdedores cuando peleamos con nosotros mismos; es una guerra civil». Si usted tiene dudas de sí mismo, escuche lo que dijo Alejando Dumas: «Una persona que duda de sí misma es como el hombre que se enlista en las filas de su enemigo y lleva armas contra sí mismo». Tim Redmon observó: «No traicione a su propia vida y propósito».

Su mundo existe primero dentro de usted. Marriane Crawford dijo: «Todo hombre lleva dentro de sí el mundo en el cual debe vivir». ¿Tiene dificultades en escuchar a Dios? «Cuando Dios habla, su mente será su enemigo más grande» (Bob Harrison). ¿Está enfrentando grandes obstáculos en la vida? James Allen respondió: «Usted es el impedimento que debe enfrentar. Usted es el que tiene que escoger su lugar». Recuerde que usted es su propio doctor cuando se trata de curar el temor, el enojo y una actitud presumida.

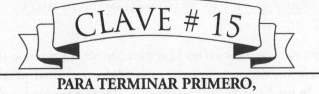

CLAVE # 15

PARA TERMINAR PRIMERO, PRIMERO DEBE TERMINAR.
—RICK MEARS

¿Quiere lograr algo en la vida? Sea como el cortador de piedras. Jacobs Riis dice: «Fíjese en el cortado de piedras, martillando la roca, tal vez cien veces sin que se vea ni una sola grieta. Y sin embargo, cuando da el martillazo número ciento uno, la piedra se parte en dos, y yo sé que no fue el último golpe el que lo logró, sino todo lo que había sucedido antes». Cualquier cosa que quiera lograr en la vida requerirá persistencia.

Todo les llega a las personas que buscan las cosas con persistencia. La perseverancia es el resultado de una voluntad firme; la obstinación es el resultado de la terquedad. Montesquieu dijo: «A menudo el éxito depende en saber cuánto tiempo va a llevar obtenerlo». Éste es el secreto del éxito: Nunca abandone, nunca pare. Muchas veces el éxito consiste en aguantar un minuto más.

Calvin Coolidge dijo: «"Seguir adelante ha resuelto y siempre resolverá los problemas de la raza humana». Santiago 5.11 dice: «En verdad, consideramos dichosos a los que perseveraron» (Nueva Versión Internacional). Usted se va a dar cuenta de que la gente persistente siempre tiene la siguiente actitud: Nunca pierden el partido, simplemente se les acabó el tiempo. Todo progreso espiritual es como el brote de un vegetal. Primero usted recibe guía, luego paz, después convicción, al igual que la planta tiene raíz, brote y fruto. El Conde de Buffon dice: «Nunca piense que las demoras de Dios son negaciones. Afírmese, agárrese, insista. La paciencia es un genio».

Joel Hause dijo: «Usted puede ser cualquier cosa que se resuelva a ser. Determine ser algo en el mundo y será algo. "No puedo" nunca logró nada. "Voy a tratar" ha logrado maravillas». Herbert

Caufman agrega: «Las arrancadas no cuentan. El puntaje final no hace mención de un comienzo espléndido si el final prueba que usted solo fue "uno de los corredores"». Tenga presente las palabras de Hamilton Holt: «Nada que valga la pena viene con facilidad. Medio esfuerzo no produce medio resultado. No produce resultado alguno. El trabajo, el trabajo continuo y el trabajo arduo es la única forma en que se logran resultados duraderos».

La persistencia prevalece cuando todo lo demás falla. Apocalipsis 2.10 dice: «Sé fiel hasta la muerte, y yo te daré la corona de la vida». La verdad es que la persistencia es una planta amarga pero tiene frutos dulces. Joseph Ross dijo: «Toma tiempo tener éxito porque el éxito es simplemente la recompensa natural de tomar tiempo para hacer una cosa bien». Eclesiastés afirma: «Mejor es el fin del negocio que su principio; mejor es el sufrido de espíritu que el altivo de espíritu» (7.8). La victoria les llega a aquellos que perseveran más.

Ralph Waldo Emerson dijo: «La gran mayoría de los hombres son manojos de comienzos». Estoy de acuerdo con Charles Kettering: «Siga adelante y las posibilidades son de que va a tropezar con algo tal vez cuando menos lo espera». Nadie encuentra que la vida vale la pena ser vivida. Uno debe hacerla que valga la pena ser vivida. La persistencia es la cualidad que más se necesita cuando se ha extenuado. A menudo la palabra genio se deletrea «persistencia».

CLAVE # 16

LAS MENTIRAS PIADOSAS DEJAN MANCHAS NEGRAS.

No existe límite para la altura que una persona puede alcanzar si se mantiene nivelada. La honestidad es todavía la mejor política. Sin embargo, hoy parece que hay menos personas honestas que antes. George Braque dijo: «La verdad existe; solo la falsedad tiene que ser inventada». Cervantes dijo: «La verdad se va a levantar sobre la falsedad como el aceite sobre el agua».

Las mentiras piadosas dejan manchas negras en su reputación. Usted no puede tratar de «estirar» la verdad sin que ésta pierda su forma. Cuando estira la verdad, como si fuera una bandita elástica, vuelve con fuerza a usted. La verdad ganará todos los argumentos si usted la dice por suficiente tiempo. Aunque la verdad tal vez no sea popular, siempre es lo mejor. El hecho de que nadie quiera creer la verdad no hace que no sea verdad.

Dos medias verdades no hacen una verdad entera. De hecho, tenga cuidado con las medias verdades. Tal vez a usted le dijeron la mitad incorrecta. Usted verá que una mentira no tiende donde apoyarse. Tiene que apoyarse en otras mentiras. La verdad es algo para lo que no hay sustitutos. No hay ningún sustituto aceptable para la honestidad. No hay ninguna excusa válida para la deshonestidad.

Nada es tan poco piadoso como una mentira piadosa. A veces un embuste comienza como algo pequeño pero se desarrolla en una mentira grande. Tal vez parezca que una mentira piadosa arregla la situación presente, pero no tiene futuro.

La única forma de ser libre es ser una persona que dice la verdad. Juan 8.32 afirma: «Conoceréis la verdad, y la verdad os hará libres». La verdad es fuerte y prevalecerá.

Una persona engañosa nunca produce una vida brillante. Herbert Casson dijo: «Muéstrenme un mentiroso, y yo les voy a mostrar un ladrón». Al mentiroso no se le cree aunque diga la verdad. George Bernard Shaw dijo: «El castigo del mentiroso no es finalmente que no se le cree lo que dice, sino que él mismo no le puede creer a nadie».

Los mentirosos no tienen amigos verdaderos. «Si usted miente y luego dice la verdad, la verdad va a ser considerada una mentira» (proverbio sumerio). Un hombre honesto altera sus ideas para que encajen con la verdad, y un hombre deshonesto altera la verdad para que encaje con sus ideas. No hay grados de honestidad.

La Biblia dice: «Nunca se aparten de ti la misericordia y la verdad; átalas a tu cuello, escríbelas en la tabla de tu corazón» (Proverbios 3.3). M. Runbeck dijo: «No hay poder en el mundo que tenga más fuerza que la verdad». Considere las palabras de Pearl Buck: «La verdad es siempre emocionante». Entonces, háblela. La vida es aburrida sin ella.

CLAVE # 17

EL MUNDO LES PERTENECE A LOS ENTUSIASTAS.

«Piense apasionadamente, hable apasionadamente, actúe apasionadamente, y llegará a ser una persona que siente pasión por la vida. La vida va a tomar un nuevo fervor, con intereses más profundos y mayor significado. Usted puede hablarse a sí mismo, pensar y actuar para tener falta de interés y monotonía o desdicha. Por el mismo proceso puede edificar inspiración, emoción y un nivel profundo de gozo» (Norman Vincent Peale). Usted puede tener éxito en casi todas las cosas por las que siente un entusiasmo sin límites. El mundo les pertenece a los entusiastas.

Su entusiasmo revela sus reservas, sus recursos no explotados, y tal vez su futuro. Una diferencia importante entre las personas es su nivel de entusiasmo. Winston Churchill dijo: «El éxito es ir de fracaso en fracaso sin perder el entusiasmo». Usted nunca se va a levantar a grandes alturas si no tiene gozo y fervor. En 2 Crónicas 31.21, la Biblia dice: «Lo hizo de todo corazón, y fue prosperado».

«Nadie mantiene su entusiasmo en forma automática» (Papyrus). El entusiasmo debe ser nutrido con nuevas acciones, nuevas aspiraciones, nuevos esfuerzos y nueva visión. Es culpa suya si su entusiasmo desaparece; usted no lo ha alimentado. ¿Qué es el entusiasmo? Henry Chester responde: «Nada más o menos que la fe en acción». Helen Keller dijo: «El optimismo es la fe que lleva al logro». Nada se puede lograr sin esperanza o confianza.

Lo que nos hace felices no es nuestra posición, sino nuestra disposición. Recuerde, algunas personas se congelan en el invierno, otras salen a esquiar. Una actitud positiva siempre crea resultados positivos. La actitud es una cosa pequeña que hace una gran diferencia. La depresión, la tristeza, el pesimismo, la desesperación, el desaliento y el temor matan más seres humanos que todas las enfermedades juntas.

Usted no puede lograr algo si su corazón es más pesado que la carga que lleva. «Actuamos como si la comodidad y el lujo fueran los requisitos principales de la vida, cuando todo lo que necesitamos para ser realmente felices es algo por lo cual podamos sentir entusiasmo» (Charles Kingsley). Algunas personas cuentan sus bendiciones, pero la mayoría de las personas piensan que sus bendiciones no cuentan.

Hay una relación directa entre nuestra pasión y nuestro potencial. El entusiasmo muestra a Dios en usted. Usted puede ser la luz del mundo, pero nadie lo va a saber a menos que el interruptor se encienda. Ser positivo es esencial para el logro y el fundamento del verdadero progreso. Si usted vive una vida de negativismo, va a encontrarse mareado durante todo el viaje. La persona negativa ha sido medio derrotada aun antes de comenzar.

Estoy de acuerdo con Winston Churchill cuando dijo: «Yo soy optimista. No parece dar mucho resultado ser de otra forma». ¿Se ha dado cuenta de que no importa cuantas preocupaciones tenga un pesimista, siempre tiene lugar para una más? Recuerde el proverbio chino: «Es mejor encender una vela que maldecir la oscuridad». Das Energi dijo: «Vote con su vida. ¡Vote sí!»

CLAVE # 18

SI PERSIGUE A DOS CONEJOS, AMBOS SE LE ESCAPARÁN.

Formúlese a sí mismo esta pregunta: «¿A qué estoy apuntando en realidad?» Delegue, simplifique o elimine las prioridades bajas tan pronto como le sea posible. Haga *más* haciendo *menos*. James Liter dijo: «Un pensamiento que se convierte en acción es mejor que tres que revolotean en la mente».

Hay demasiadas personas en demasiados automóviles, yendo con demasiado apuro, en demasiadas direcciones, para no llegar a ningún lado, para no hacer nada. «Hay muy poco tiempo para descubrir todo lo que queremos saber acerca de las cosas que en realidad nos interesa. No podemos darnos el lujo de malgastar el tiempo en cosas que son solo preocupaciones casuales para nosotros, o en las cuales solo estamos interesados porque otras personas nos han dicho que deberíamos estarlo» (Alec Waugh). No existe la paz para la persona que no tiene enfoque.

Tim Redmond dijo: «No sea una persona que sabe un poco de muchas cosas y no es experto en ninguna. En cambio, sea como el apóstol Pablo quien escribió: "Una cosa hago… prosigo a la meta"» (Filipenses 3.13, 14). En lo que ponga su corazón determinará la forma en que vivirá la vida. Carl Sanderberg dijo: «Hay personas que quieren estar en todos lados de inmediato y no llegan a ningún lado».

¿Cómo puede obtener lo que quiere? William Locke respondió: «Yo le puedo decir cómo obtener lo que quiere; usted tiene que mantener una cosa frente de sí e ir por ella, y nunca deje que sus ojos se desvíen ni a la derecha ni a la izquierda, ni hacia arriba o hacia abajo. Y mirar hacia atrás es mortal». Jesús nos advierte:

«Ninguno puede servir a dos señores; porque o aborrecerá al uno y amará al otro, o estimará al uno y menospreciará al otro» (Mateo 6.24). Cuando usted sirve a dos señores, le tiene que mentir a uno de ellos.

George Bernard Shaw escribió: «Déle salud y un curso que seguir a un hombre, y nunca se va a detener para preocuparse si es feliz o no». Sabemos que Walt Disney fue un hombre de éxito. Tal vez la clave de su éxito se encuentre en su confesión: «Yo amo a Mickey Mouse más que a cualquier mujer que jamás haya conocido». Bueno, ¡eso sí que es tener enfoque!

Vic Braden dijo: «Los perdedores tienen mucha variedad. Los campeones se enorgullecen en solo aprender a vencer a los mismos aburridos ganadores». Considere lo que George Robson dijo después de haber ganado la carrera de Indianápolis 500: «Todo lo que tuve que hacer fue continuar doblando a la izquierda».

Yo creo que usted encontrará la felicidad cuando está en la posición de ir a un lugar con todo su corazón, en una dirección, sin remordimiento y sin reservas. Haga lo que está haciendo mientras lo está haciendo. Cuanto más complicado sea usted, tanto más inefectivo llegará a ser.

Mark Twain dijo: «He aquí dijo el necio: "No pongas todos tus huevos en una canasta", lo cual es una forma de decir: "Esparce tu dinero y tu atención". Pero el hombre sabio dice: "Pon todos tus huevos en una canasta, y vigila esa canasta"». La forma más rápida de hacer muchas cosas es hacer una sola cosa por vez. Los únicos que van a ser recordados son aquellos que han hecho una cosa extremadamente bien. No sea como el hombre que dijo: «Yo tengo foco, pero mi foco es en otra cosa».

TENGA EL VALOR DE VIVIR.
CUALQUIERA PUEDE DESISTIR.

«El mundo siempre le va a dar la oportunidad de desistir, pero solo el mundo llamaría una oportunidad a desistir» (Clint Brown). En tiempos de prueba, demasiadas personas dejan de seguir tratando. Uno de los principios del éxito mejores que jamás se han predicado es: *¡Nunca desista!*

Como autor, tengo el privilegio de autografiar muchos libros. Me gusta escribir palabras de aliento en cada libro antes de firmar mi nombre. Una de las cosas que escribo con más frecuencia es: *¡Nunca desista!* Joel Budd observó: «No es el final de un asunto hasta que *usted* no acepta que es el final». Richard Nixon comentó: «Un hombre no está acabado cuando es derrotado. Está acabado cuando desiste».

Nada ni nadie lo puede derrotar a menos que usted decida no levantarse otra vez. H. E. Jansen dijo: «Al hombre que gana, tal vez el árbitro le contó varias veces, pero él no lo escuchó». Encuentre la forma *de* hacer una cosa, no la de *no* hacerla. Un hombre perezoso siempre es juzgado por lo que no hace. La elección de desistir o de continuar adelante es un momento que define su vida. No es posible hacer correr el reloj hacia atrás. Pero usted le puede dar cuerda de nuevo.

Hace poco tiempo tuve el privilegio de conocer a Peter Lowe, el fundador de la exitosa organización que da seminarios para enseñar a tener éxito llamada *Success Seminars*. Mientras hablábamos, él comentó: «La característica más común que he encontrado en las personas que tienen éxito es que han conquistado la tentación de desistir, de abandonar». Una de las mejores formas de tratar de hacer lo mejor posible es levantarse cuando lo derriban.

Demasiadas personas se detienen con más velocidad de la que comenzaron. En lugar de detenerse, siga este proverbio inglés: «No caiga antes que lo empujen». Margaret Thatcher entendió el principio de la persistencia cuando aconsejó: «Para ganar una batalla, tal vez la tenga que pelear más de una vez». David Zucker añadió: «Desista ahora, y nunca va a llegar a ningún lado. Si usted rechaza este consejo ya está a mitad de camino».

«¡No puedo!», es la conclusión a que llegan los necios. Escuche las palabras de Clare Booth Luce: «No hay situaciones sin esperanza; solamente hay personas que sienten desesperanza en cuanto a dichas situaciones». El Admiral Chester Nimitz expresó: «Señor, concédeme el valor para no abandonar lo que considero justo aun cuando piense que no hay esperanza de lograrlo». La tragedia más grande es desistir. El famoso boxeador Archie Moore observó: «Si no salgo del piso, voy a perder la pelea».

La elección es simple: Usted o puede ponerse de pie y ser contado, o puede continuar sobre el piso y que le cuenten hasta diez para declararlo perdedor. La derrota solo llega a las personas cuando la admiten. Su éxito va a ser medido por su disposición de seguir tratando.

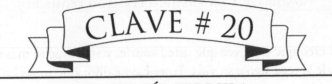

CLAVE # 20

EL QUE RÍE, PERDURA.
—R. FULGRAM

Hay una cirugía de rostro que usted puede realizar por sí mismo y que está garantizada de que va a mejorar su apariencia. Se llama una sonrisa. La risa es como cambiarle el pañal a un bebé —no resuelve un problema en forma permanente, pero hace que las cosas sean más aceptables por el momento. Alégrese. Un dentista es la única persona que se supone que mire dentro de su boca. Robert Frost dijo: «La felicidad logra en altura lo que le falta en duración». Abraham Lincoln dijo: «La mayor parte de las personas son tan felices como deciden serlo». El peor día que puede tener es un día en el que no ha reído.

El optimista ríe para olvidar. El pesimista se olvida de reír. Mejor es que se ría de sí mismo de vez en cuando —todo el mundo lo hace. La risa es el único medicamento que no necesita una receta, no tiene sabor desagradable, y no cuesta dinero.

Una sonrisa es en forma de curva, pero nos ayuda a ver las cosas derechas. Una sonrisa es algo que usted le da a otra persona y que siempre tiene excelente resultado. Una sonrisa tiene largo alcance, pero usted es quien la debe iniciar. El mundo se ve mucho más agradable desde detrás de una sonrisa. Así que sonría con frecuencia. Déle un descanso a su entrecejo.

Henry Ward Beecher dijo: «Una persona sin sentido del humor es como una carreta sin amortiguadores —cada piedra del camino la hace saltar». Haga suyas las palabras de Mosche Wadocks: «El sentido del humor le puede ayudar a pasar por alto lo que no es atractivo, tolerar lo desagradable, lidiar con lo inesperado, y sonreír a través de lo insoportable». Su día va en la dirección en que se ve su boca.

Yo creo que cada vez que usted sonríe, y aun mucho más cuando ríe, le agrega algo a su vida. Janet Layne dijo: «De todas las cosas que usted usa, la más importante es su expresión». Proverbios 17.22 dice: «El corazón alegre constituye buen remedio». Una buena risa es la mejor medicina, ya sea que usted esté enfermo o no.

«El mundo es como un espejo; si usted lo mira con el ceño fruncido, le devuelve la mirada con el ceño fruncido. Sonría, y le devuelve la sonrisa» (Herbert Samuel). La alegría es contagiosa, pero parece que algunas personas han sido vacunadas contra la «infección». El problema con ser una persona gruñona es que tiene que hacer amigos nuevos todos los meses. Todo hombre que espera recibir felicidad está obligado a dar felicidad. Usted no tiene derecho a consumirla si no la produce.

Las ruedas del progreso no son movidas por los que siempre se quejan. Tom Walsh dice: «Cada minuto que su boca se muestra con una expresión triste, usted pierde 60 segundos de felicidad». Paul Bourge escribió: «La infelicidad indica una forma de pensar incorrecta, al igual la mala salud indica un régimen malo». Es casi imposible sonreír exteriormente sin sentirse mejor por dentro. Si usted se puede reír de algo, puede vivir con eso.

Fue solo una sonrisa alegre,
pero hizo desaparecer la noche.
Costó muy poco darla,
pero hizo que valiera la pena vivir el día.

MIRE HACIA AFUERA

CLAVE # 21

LA REGLA DE ORO NO SIRVE A MENOS QUE SE DÉ CUENTA DE QUE LE TOCA JUGAR A USTED.
—DOCTOR FRANK CRANE

Una cosa maravillosa que puede hacer una persona por su Padre celestial es ser amable con Sus hijos. Servir a otras personas es uno de los privilegios más asombrosos de la vida. Albert Schweitzer dijo: «Los únicos entre ustedes que van a ser en realidad felices son los que han buscado y encontrado la forma de servir». Pierre de Chardin comentó: «La cosa más satisfactoria de la vida es haber podido dar una gran parte de uno a otras personas». El libro de Proverbios declara: «Peca el que menosprecia a su prójimo; mas el que tiene misericordia de los pobres es bienaventurado» (14.21). Siga el consejo de Carl Reilland: «En casi el mismo grado en que usted ayuda va a ser feliz».

Busque las cosas buenas en la gente. Recuerde, ellos tienen que hacer lo mismo en su caso. Entonces haga algo para ayudarlos. Si usted quiere avanzar, sea un puente en vez de una pared. Ame a sus semejantes más de lo que merecen. Cada ser humano nos ofrece una oportunidad de servir. Todo el mundo necesita que alguien lo ayude.

John Andrew Holmes dijo: «La población total del universo, con la ínfima excepción de una persona, se compone de los demás». Con demasiada frecuencia esperamos que todos los demás practiquen la regla de oro. La regla de oro tal vez sea muy antigua, pero no ha sido usada tanto como para mostrar signos de desgaste. Cometemos un error de primera clase si tratamos a los demás como ciudadanos de segunda clase.

Usted no puede ayudar a los demás sin ayudarse a sí mismo. La amabilidad es una de las cosas más difíciles de regalar, puesto que por lo general le es devuelta. La persona que siembra semillas de amabilidad disfruta de una cosecha perpetua. Estoy de acuerdo con Henry Drummond cuando dijo: «Me pregunto por qué no somos más amables los unos con los otros... ¡cuánto lo necesita el mundo! ¡Con qué facilidad se hace!»

¿Se quiere llevar mejor con los demás? Sea un poco más amable de lo necesario. Una buena manera de olvidar sus propios problemas es ayudar a que otras personas salgan de los de ellas. Cuando usted comparte, en realidad su vida aumenta en lugar de disminuir.

Theodore Spear dijo: «Usted nunca puede esperar demasiado de sí mismo en el asunto de darse a otras personas». Cuanto más alto crece una planta de bambú, tanto más bajo se dobla. Martin Luther King, Jr. dijo: «Todos pueden ser grandes... porque todos pueden servir». Cuando usted camina en el fruto del Espíritu, otros lo pueden saborear. Harry Fosdick dijo: «Una de las cosas más sorprendentes que jamás se haya dicho en la vida es la declaración de Jesús: "El mayor entre ustedes será el siervo de todos". Nadie tiene una posibilidad en un billón de ser recordado como realmente grande un siglo después de haber muerto a menos que haya sido siervo de todos».

¿Le han bendecido con un acto de bondad?
¡páselo a otra persona!
No fue dado para usted solo,
¡páselo a otra persona!
Deje que viaje a través de los años,
Que seque las lágrimas de alguien,
Hasta que en el cielo se recuenten los hechos,
¡páselo a otra persona!

—HENRY BURTON

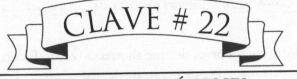

LA MEJOR POSESIÓN ES UN
AMIGO VERDADERO.

Dígame con quién anda y le diré quién es. Cuanto menos se asocie con algunas personas, tanto más mejorará su vida. Si usted anda con zorros, va a aprender a aullar. Pero, si se asocia con águilas, aprenderá a elevarse a grandes alturas. El hecho simple pero verdadero es que usted llega a ser como las personas con las cuales se asocia íntimamente, para bien y para mal. Casi todos nuestros sufrimientos se producen de relaciones con las personas equivocadas. En cambio: «Manténgase fuera del campo de succión de aquellos que marchan hacia atrás» (E. K. Piper).

Cada vez que acepta la mediocridad en otros, su propia mediocridad aumenta. Deberíamos orar: «Oh Señor, líbrame de la gente que solo habla de enfermedades y de fracasos. En cambio, Señor, concédeme la compañía de los que piensan en el éxito y que trabajan para alcanzarlo». Un proverbio búlgaro lo confirma: «Si se encuentra a sí mismo dando dos pasos adelante y uno hacia atrás, siempre es porque tiene asociaciones mixtas en su vida». Si un perezoso no le causa fastidio, es una señal de que usted también es un poco perezoso. Un atributo importante de la gente de éxito es la impaciencia que tienen hacia los pensamientos negativos y las personas que actúan negativamente.

Un verdadero amigo es alguien que se preocupa por usted. Se ha dicho que un buen amigo es como una mente en dos cuerpos. Robert Lewis Stevenson dijo: «Un amigo es un regalo que usted se hace a sí mismo». Encontrará que un verdadero amigo permanece como su amigo aun si usted no merece tener un amigo. Este amigo estará a su lado cuando otros piensan que usted está liquidado. La sabiduría de Proverbios afirma: «Fieles son las heridas del que ama;

pero importunos los besos del que aborrece» (27.6). Escoja con cuidado a las personas con quienes se asocia. Este antiguo dicho es verdad: «El que se acuesta con perros va a amanecer con pulgas». Si se asocia con personas que renquean, usted aprenderá a renquear.

Nunca se haga amigo de alguien porque ambos están de acuerdo en cosas negativas. Más bien, encuentre amigos que están de acuerdo con usted en cosas positivas. «Mi mejor amigo es el que cuando me desea cosas buenas, las desea para mi beneficio» (Aristóteles). La Biblia declara: «Hierro con hierro se aguza; y así el hombre aguza el rostro de su amigo» (Proverbios 27.17). Thomas Carlyle observó: «Muéstreme al hombre a quien usted rinde honra, y yo le mostraré la clase de hombre que es usted, porque me muestra cuál es su ideal de hombría, qué clase de hombre anhela ser usted».

Si se le pidiera que hiciera una lista de sus beneficios, recursos y puntos fuertes más grandes, usted encontraría que el dinero es uno de los menos importantes, mientras que algunos de los recursos más grandes son las personas que conoce. Mi amigo Mike Murdock dijo: «Siempre hay alguien observándolo que es capaz de bendecirlo abundantemente». Yo creo que a Dios le gusta bendecir a la gente a través de la gente. Un verdadero amigo ve más allá de usted a lo que usted puede ser.

La forma de tener un buen amigo es ser un buen amigo. Su riqueza se encuentra en donde se encuentran sus amigos. Considere lo que dijo Francesco Guicciardini: «Puesto que no hay nada que valga tanto como tener amigos, nunca pierda una oportunidad de hacer buenos amigos».

CLAVE # 23

LA ADVERSIDAD TIENE VENTAJAS.

«Los tiempos de grandes calamidades y confusión siempre han sido productivos para las mentes grandes. El oro más puro es producido del horno más caliente, y el rayo más brillante es el que se forma en la tormenta más oscura» (Caleb Colton). La puerta de la oportunidad se mueve en las bisagras de la adversidad. Los problemas son el precio del progreso. Los obstáculos de la vida deben hacernos mejores y no amargarnos más.

Los obstáculos son simplemente un llamado para fortalecernos, no para desistir. Bob Harrison dice: «Entre usted y cualquier cosa que tenga importancia habrá gigantes en su camino». Oral Roberts reflexiona: «Usted no puede producir renovación o cambio sin confrontación». La verdad es que si a usted le gustan las cosas fáciles, va a tener dificultades. Si le gustan los problemas, va a tener éxito.

Si tiene un sueño sin problemas, en realidad no tiene un sueño. Tenga la misma actitud de Louisa May Alcott: «No les temo a las tormentas porque estoy aprendiendo a navegar mi barco». Samuel Lover dijo: «Las circunstancias son los gobernantes de los débiles; pero son los instrumentos de los sabios». Los chinos tienen este proverbio que dice: «Las piedras preciosas no pueden ser pulidas sin fricción, como tampoco el hombre puede ser perfeccionado sin pruebas». Parece que las grandes pruebas son la preparación necesaria para la grandeza.

Roberts Liardon dijo: «Para cada obstáculo que usted enfrenta, Dios ha provisto un versículo bíblico como respuesta». Mike Murdock dice: «Si Dios "mitigara" cada uno de los golpes que usted recibe, nunca aprendería a crecer». Más bien, no deje que los problemas sean los que lo guían. El problema que enfrenta es simplemente una oportunidad para que haga lo mejor que puede hacer. Es un hecho que el conflicto es bueno cuando usted sabe moverse con Dios.

¿Qué actitud debemos tener hacia las dificultades? William Boetcker dijo: «Las dificultades y las luchas de hoy no son sino el mejor precio que debemos pagar por los logros y la victoria de mañana». Lou Holtz aconsejó: «La adversidad es otra manera de medir la grandeza de los individuos. Nunca tuve una crisis que no me hiciera más fuerte».

Cuando usted encuentra obstáculos, descubrirá cosas sobre sí mismo que realmente nunca supo. Los desafíos lo tiran en diferentes direcciones —lo hacen ir más allá de la norma. Martin Luther King, Jr. dijo: «La medida verdadera de un hombre no es la posición que tiene en tiempos de comodidad y conveniencia, sino la que tiene en tiempos de desafío y controversia». El primer paso hacia la victoria es cambiar un obstáculo para sacarle partido.

Dios nos promete un aterrizaje seguro, pero no un viaje calmo. La vida es tan incierta como cuando se exprime un pomelo. Considere lo que dijo Sydney Harris: «Cuando escucho a alguien decir que "La vida es dura", siempre siento la tentación de preguntar: "¿Comparada con qué?"» Es mejor que enfrentemos nuestros problemas. No podemos correr lo suficientemente rápido o lejos para alejarnos de ellos. Más bien, deberíamos tener la actitud de Stan Musial, el famoso beisbolista del *Hall of Fame* sobre cómo manejar una pelota a la que han mojado con saliva. Él dijo: «Yo le pego al costado seco de la pelota». Charles Kettering dijo: «Nadie hubiera cruzado el océano si hubiera podido salir del barco en la tormenta». El desayuno de los campeones no es cereal, es obstáculos.

CLAVE # 24

NO MIDA SU ÉXITO POR LO QUE OTRAS PERSONAS HAN O NO HAN HECHO.

Hace varios años me encontré con un amigo a quien conocía por más de diez años. Él me miró y me dijo: «John, veo todas las cosas grandes que Dios ha hecho en tu vida y cómo Él ha causado que progreses en todas las esferas. Pero cuando comencé a mirar *tu* vida, me llené de dudas en cuanto a lo que estaba sucediendo en *mi* vida». Me dijo: «Eso causó que dudara de mí mismo porque yo no he tenido el mismo éxito que has tenido tú».

Me di vuelta, lo miré y dije: «Bueno, si es cierto que te sientes mal porque yo he tenido éxito, entonces, ¿sería verdad que te sentirías mejor si yo hubiera tenido horribles fracasos y me hubiera estado yendo mucho peor en los últimos años?» Me miró de forma inquisitiva y respondió: «No, eso no sería verdad».

Le respondí: «Bueno, si es cierto de un lado es cierto del otro. En realidad muestra lo errada que es tu forma de pensar. Lo que sucede en mi vida no tiene nada que ver con lo que sucede en tu vida». Demasiadas personas saben la forma de vivir la vida de otras personas pero no la suya propia.

Usted encontrará que Dios raramente usa a la gente cuya preocupación principal es lo que otros piensan. Yo creo que Jesús vio que el juzgar a otros es una pérdida de tiempo enorme. Vio que cuando juzgamos estamos impidiendo el progreso. Cuando usted juzga a otros inevitablemente está impidiendo su propio avance.

Algunas personas están inclinadas a medir sus logros por lo que otros no han hecho. Nunca mida su éxito por lo que otros han o no han hecho. Nunca es justo hacer comparaciones. Usted es o un termómetro o un termostato. O registra la temperatura de alguien más o la suya propia. Pat Riley dijo: «No deje que otras personas le diga lo que quiere». Nadie puede construir su destino personal sobre la fe o la experiencia de otra persona. «No tome como su propia definición la definición de éxito de otra persona» (Jacqueline Briskin).

Sus faltas nunca van a desaparecer llamando la atención a las faltas de otros. Muchas personas tienen la idea errada de que pueden hacerse grandes mostrando lo pequeño que es otro individuo. No es necesario apagar la luz de otra persona para dejar que su propia luz brille. En lugar de dejar que su propia luz brille, algunas personas utilizan su tiempo tratando de apagar las luces de otros. ¡Qué pérdida tan grande!

Si cree que está haciendo mejor que la persona promedio, entonces usted es una persona promedio. ¿Por qué querría compararse a una persona promedio? Demasiadas personas parecen saber vivir la vida de otros y no la propia. Debemos dejar de compararnos con otras personas.

CLAVE # 26

CUANDO DEJA UNA MARCA EN LA VIDA, SIEMPRE ATRAERÁ BORRADORES.

Para tener éxito en la vida, debe vencer los muchos esfuerzos de otras personas de llevarlo hacia abajo. La forma en que escoge responder a las críticas de otros es una de las decisiones más importantes que tome.

El primero y gran mandamiento sobre los críticos es: *No deje que lo asusten.* Charles Dodgson dijo: «Si usted limita sus acciones en la vida a cosas por las que nadie pudiera criticarlo, no hará mucho». Nada significativo se ha logrado jamás sin controversia, sin criticismo. Cuando usted permite que las palabras de otros lo detengan, lo detendrán.

Christopher Morley dijo: «La verdad es que un crítico es como un gong en un cruce de ferrocarriles, que hacen mucho ruido vanamente mientras pasa el tren». Se han perdido muchas ideas fantásticas debido a que los que las tuvieron no pudieron soportar las críticas y abandonaron. Un crítico es alguien que encuentra faltas sin que le den derecho a hacerlo. Una de las cosas más fáciles de encontrar es faltas. «Las personas más insignificantes son las más capacitadas para desdeñar a otros. Están a salvo de las represalias, y no tienen esperanza alguna de elevarse en su propia estima, sino haciendo disminuir a sus vecinos» (William Hazlitt). Los críticos no solo esperan lo peor, sino que hacen lo peor de lo que sucede.

Dennis Wholey advirtió: «Esperar que el mundo lo trate con justicia porque usted es una persona buena es un poco como esperar que un toro no lo ataque porque usted es vegetariano». Estoy de acuerdo con Fred Allen cuando dijo: «Si las críticas tuvieran verdadero poder para dañar, a esta altura el zorrillo ya hubiera sido extinguido». Recuerde esto en cuanto a un crítico: Un hombre que siempre está dando patadas no puede estar parado firme. Las mentes grandes hablan de ideas, las mentes buenas hablan de acontecimientos, las mentes pequeñas hablan de otras personas.

La Biblia dice que multipliquemos, pero demasiados críticos prefieren dividir. No se permita a sí mismo llegar a ser crítico. Jesús nos advierte: «No juzguéis, para que no seáis juzgados» (Mateo 7.1). Cuando usted les arroja tierra a otras personas, siempre hará una montaña de una colina. Ningún barro lo puede manchar, excepto por el barro que usted les arroja a otros. El que tira barro nunca tiene las manos limpias.

Usted no puede labrarse el camino al éxito haciendo comentarios. Nunca se va a mover hacia arriba si constantemente está empujando a alguien hacia abajo. Estoy de acuerdo con Tillotson: «No hay ninguna forma más rápida de que un hombre ponga en tela de juicio su propia dignidad que cuando trata de quitarles mérito a otros hombres». Henry Ford comentó: «Los hombres y los automóviles son muy parecidos. Algunos marchan muy bien cuesta arriba; otros marchan bien solo cuando van cuesta abajo. Cuando usted escucha uno que hace ruido como de martillazos todo el tiempo, es una señal segura de que algo marcha mal debajo de la tapa del motor».

Recuerde esto, si les teme a las críticas, morirá sin hacer nada. Si usted quiere un lugar bajo la luz de las candilejas, tiene que esperar algunos inconvenientes. Las críticas son un cumplido cuando sabe que está haciendo algo bien.

CLAVE # 27

SI LA ENVIDIA TUVIERA FORMA, SERÍA LA DE UN BUMERANG.

La envidia es la más infructuosa de las ideas; no hay ni un solo beneficio que pueda ganarse de ella. Un famoso adagio antiguo dice: «Cuando usted compara lo que quiere con lo que tienen otros, va a ser desdichado. En cambio, compare lo que merece con lo que tiene, y descubrirá la felicidad». No es tratar de «estar a la altura de los demás» lo que causa tantos problemas. Es tratar de superarlos. Washington Allston reflexionó: «La única competencia digna de una mente sabia es dentro de sí misma». Nada lo va a colocar más atrás que tratar de mantenerse a la par de los que ya están allí.

Si la envidia fuera una enfermedad, todo el mundo estaría enfermo. Frances Bacon dijo: «La envidia no se toma días feriados. No descansa». La envidia que nos compara a otras personas es necedad. «Porque no nos atrevemos a contarnos ni a compararnos con algunos que se alaban a sí mismos; pero ellos, midiéndose a sí mismos por sí mismos, y comparándose consigo mismos, no son juiciosos» (2 Corintios 10.12).

«No juzguéis, para que no seáis juzgados» (Mateo 7.1). La envidia es una de las formas más sutiles de juzgar a otras personas. Richards Evans dijo: «Que nunca permitamos que las cosas que no podemos tener o no tenemos arruinen nuestro deleite de las muchas cosas que tenemos y podemos tener». Lo que nos hace sentir descontentos con nuestra condición personal es la creencia absurda de que otros son mucho más felices que nosotros. Thomas Fuller dijo: «La comparación, más que la realidad, hace infelices o desdichados a los hombres».

Helen Keller dijo: «En lugar de comparar nuestra situación con aquellos que son más afortunados que nosotros, deberíamos compararla con la gran mayoría de nuestros semejantes. Entonces parece que estamos entre los privilegiados». Lo único que consume la envidia es su propio corazón. Es una cierta clase de admiración por aquellos que menos quiere alabar.

Un proverbio irlandés dice: «Usted tiene que hacer su propio crecimiento, sin importar lo alto que fue su abuelo». Encontrará que es difícil ser más feliz que otros si cree que ellos son más felices de lo que son. Si se preocupa de lo que otros piensan de usted, tendrá más confianza en las opiniones de ellos que en la suya propia. Es pobre la persona cuyos placeres y opiniones dependen de la opinión de otros.

San Juan Crisóstomo reflexionó: «Al igual que una polilla carcome una prenda de vestir, la envidia consume a un hombre». La envidia produce el barro que el fracaso le arroja al éxito. Hay muchos caminos que conducen a una vida sin éxito, pero la envidia es el más corto de todos.

CLAVE # 28

TENGA...

Tenga la paz que sobrepasa todo entendimiento.

Tenga suficiente esperanza para mantener el corazón mirando hacia delante.

Tenga la fuerza suficiente para batallar con los obstáculos y vencerlos.

Tenga el compromiso suficiente para no desistir demasiado pronto.

Tenga suficiente fe para agradar a Dios.

Tenga la disposición de disfrutar de cada aspecto de la vida.

Tenga la suficiente paciencia para que ésta complete su obra en usted.

Tenga suficiente amor para dárselo a aquellos que menos lo merecen pero que más lo necesitan.

Tenga el enfoque suficiente como para decir «no» a muchas buenas ideas.

Tenga suficiente perdón para nunca terminar el día odiando.

Tenga la suficiente honestidad para nunca tener que acordarse de lo que dijo.

Tenga la entereza de carácter para hacer a la luz lo que haría en la oscuridad.

Tenga gratitud para decir «gracias» por las cosas pequeñas.

Tenga el propósito en su vida para saber *por qué* y no solo *cómo*.

Tenga la perseverancia que se requiere para correr la carrera que tiene delante de sí.

Tenga la sabiduría suficiente para temer a Dios y obedecerlo.

Tenga la responsabilidad para ser la persona en quien más se puede depender que usted conoce.

Tenga la confianza suficiente como para saber que usted y Dios forman una mayoría.

Tenga la bondad suficiente para compartir lo que tiene y lo que es con otros.

Tenga misericordia suficiente como para perdonar y olvidar.

Tenga la devoción suficiente como para hacer las cosas correctas todos los días.

Tenga el valor necesario para enfrentar y batallar con toda la oposición a lo que sabe que es justo.

Tenga el suficiente optimismo como para saber que los planes de Dios son bendecidos.

Tenga la confianza suficiente para saber que Dios dirigirá sus pasos.

Tenga la esperanza suficiente para estar buscando milagros todos los días.

Tenga suficiente entusiasmo como para mostrar que Dios está en usted.

Tenga la obediencia que se requiere para hacer lo recto sin pensarlo dos veces.

Tenga el sentido de dirección suficiente para saber cuándo y adónde va.

Tenga el conocimiento suficiente como para que su mente se esté renovando continuamente.

Tenga la credibilidad suficiente como para causar que otros quieran trabajar junto a usted.

Tenga la generosidad de dar antes que le pidan.

Tenga compasión para ser movido por las necesidades de otros.

Tenga la lealtad que se requiere para estar dedicado a otras personas.

Tenga la dependencia necesaria para saber que necesita a Dios.

CLAVE # 29

AUN LAS ESTAMPILLAS DE CORREO SON INÚTILES CUANDO SE PEGAN LAS UNAS A LAS OTRAS.

Si siempre se está preocupando por sí mismo, ¡tenga cuidado! Wesley Huber dijo: «No hay nada tan muerto como un hombre egoísta, un hombre que se presenta como una persona que ha logrado el éxito por sí misma, y se mide a sí misma por sus propias normas, y está contenta con el resultado». ¿Es su palabra favorita «yo»? Escuche: «La causa de sus mayores problemas es usted mismo. Cambie su palabra favorita "yo" por "usted"» (Ed Cole). La única razón por la cual el orgullo lo eleva es para dejarlo caer.

Norman Vincent Peale observó: «El hombre que vive para sí mismo es un fracasado. Aun si obtiene mucha riqueza, poder o posición, todavía sigue siendo un fracasado». La presunción nos hace necios. «¿Has visto hombre sabio en su propia opinión? Más esperanza hay del necio que de él» (Proverbios 26.12). El hombre que no cree en nada, sino en sí mismo, vive en un mundo muy pequeño. La mejor manera de ser feliz es olvidarse de uno mismo y enfocarse en otras personas. Henry Courtney dijo: «Cuanto más se envanece un hombre, tanto más fácil es suplantarlo». Lo único que prueba una persona orgullosa es que hay mucho lugar para mejorar.

«Las lupas más potentes del mundo son los ojos de un hombre cuando se mira a sí mismo» (Alexander Pope). El egoísmo es la única enfermedad en que el paciente se siente bien y todos alrededor de él se sienten mal. El egoísmo florece pero no da fruto. Muy pocas veces se les pide que repitan a los que se cantan sus propias alabanzas. Charles Elliot afirma: «No piense demasiado en sí mismo. Trate de cultivar el hábito de pensar en los demás; esto le traerá recompensa. El egoísmo siempre trae su propia venganza».

Mientras mira sus propios logros, el hombre arrogante no reconoce a Dios porque fracasa en ver lo que Dios está haciendo. Rick Renner dijo: «No pierda el plan de Dios consumiéndose a sí mismo».

Cuando se encuentre pensando demasiado sobre sí mismo, lo mejor que puede hacer es dejar de hacerlo inmediatamente. Usted no puede empujarse hacia delante dándose palmaditas en la espalda. Burton Hillis comentó: «Es bueno que creamos en nosotros mismos, pero no deberíamos ser convencidos con demasiada facilidad». Un egotista es su propio mejor amigo. Yo creo que las personas que están profundamente enamoradas de sí mismas se deberían divorciar.

He observado que aquellos que se jactan de haber sido hechos por sí mismos, generalmente les faltan «algunas partes». Es posible reconocer a un hombre que ha llegado a la cumbre por sí mismo: tiene la cabeza muy grande y sus brazos son tan largos como para darse palmaditas en la espalda. Una persona presumida nunca llega a ninguna parte porque cree que ya ha «llegado». Cambie su palabra favorita de «yo» a «usted».

CLAVE # 30

LA CARGA MÁS PESADA QUE PUEDE LLEVAR UNA PERSONA ES UN RENCOR.

El perdón es la clave para la paz personal. El perdón da lugar a la acción y crea libertad. Todos debemos decir lo correcto después de haber dicho lo incorrecto. Lawrence Sterne dijo: «Solo los valientes saben perdonar… un cobarde nunca perdonó; no es parte de su naturaleza». Josiah Bailey agrega: «Es verdad que los que más perdonan son los que serán más perdonados».

Uno de los secretos de una vida larga y fructífera es perdonar a todo el mundo, todas las cosas, todas las noches antes de acostarse. Peter Von Winter dijo: «Castigar es humano, perdonar es divino». Cuando usted le guarda rencor a alguien, pierde el equilibrio en su vida. Cuando deja de alimentar un resentimiento, éste muere. Usted no necesita que un doctor le diga que es mejor quitar un resentimiento que alimentarlo. El perdón es algo raro; da calor al corazón y enfría el dolor.

Es mucho mejor perdonar y olvidar que odiar y recordar. Josh Billings dice: «No hay venganza tan completa como el perdón». Richard Nixon dijo: «Los que odian no ganan a menos que usted los odie, y entonces se destruye a sí mismo». El no perdonar bloquea las bendiciones; el perdón las deja fluir. ¿Por qué algunas oraciones no son contestadas? D. L. Moody dice lo siguiente: «Creo firmemente que muchas oraciones no son contestadas porque no estamos dispuestos a perdonar a alguien».

¿Quiere soltar el pasado y reclamar el futuro? Haga lo que dijo Paul Boese: «El perdón no cambia el pasado, pero agranda el futuro». Harry Fosdick dijo: «Nadie puede estar equivocado con un hombre y estar en la voluntad de Dios». Usted puede estar equivocado en el medio de estar en lo cierto cuando no perdona a alguien.

«Proteste mucho diciendo que tiene razón, y va a estar equivocado» (proverbio judío).

La Biblia dice en Efesios: «Quítense de vosotros toda amargura, enojo, ira, gritería y maledicencia, y toda malicia. Antes sed benignos unos con otros, misericordiosos, perdonándoos unos a otros, como Dios también os perdonó a vosotros en Cristo» (4.31, 32). Formúlese a sí mismo esta pregunta: «Si Dios está dispuesto a perdonar, ¿quién soy yo para no perdonar?»

CLAVE # 31

HAGA LO QUE LA GENTE DICE QUE NO SE PUEDE HACER.

Rush Limbaugh, que es anfitrión conservador de programas de radio, tiene un nombre fantástico para su extravagante colección de corbatas: *Sin límites*. Qué lema tan bueno para adoptarlo para nuestras vidas. Salga de su zona de comodidad. Sea como David. Encuentre a un gigante, y decapítelo. Siempre busque un obstáculo lo suficientemente grande para que tenga importancia cuando lo venza.

Hasta que usted no se dé a una causa grande, en realidad no ha comenzado a vivir a plenitud. Henry Miller comentó: «El hombre que busca la seguridad, aun en su mente, es como el hombre que se amputaría sus miembros para tener miembros artificiales que nunca más le dieran problemas o dolor». Nada significante es logrado jamás por una persona realista.

La tradición no ofrece esperanza alguna para el presente y no hace preparativos para el futuro. Día por día, año por año, expanda su horizonte. Russell Davenport observó: «El progreso en todas las épocas resulta solo del hecho de que hay algunos hombres y mujeres que se rehúsan a creer que lo que saben que es correcto no puede hacerse».

Sepa las reglas, luego rompa algunas. No se quede dentro de los límites. Melvin Evans dijo: «Los hombres que construyen el futuro son los que saben que las cosas más grandes todavía no han sucedido, y que ellos mismos las van a hacer suceder. Sus mentes están iluminadas por el resplandeciente sol de la esperanza. Nunca se detienen para dudar. No tienen tiempo para eso».

Involúcrese en algo más grande que usted. Dios todavía no ha tenido a una persona calificada para trabajar para Él. «Nosotros somos el filamento; Dios es la corriente. Nuestro único poder es dejar que la corriente pase a través del filamento» (Carlo Carretto). Sea una mente a través de la cual Cristo piensa; un corazón a través del cual Cristo ama; una voz a través de la cual Cristo habla; y una mano a través de la cual Cristo ayuda.

Si en realidad quiere defender lo que cree, vívalo. Dorthea Brand declaró: «Todo lo que es necesario para romper el hechizo de la inercia y de la frustración es esto: actúe como si fuera imposible fracasar». Haga un giro de ciento ochenta grados que lo lleve del fracaso al éxito. Tenga presente esta fórmula: Siempre actúe como si fuera imposible fracasar. Uno de los placeres más grandes que puede encontrar es hacer lo que la gente dice que usted no puede hacer.

CLAVE # 32

NO HAY FUTURO EN EL PASADO.

Si mira demasiado hacia atrás, muy pronto irá en esa dirección. Mike Murdock dijo: «Deje de mirar adonde ha estado y comience a mirar adonde puede estar». Su destino y su llamado en la vida siempre están adelante, nunca atrás. Katherine Mansfield aconsejó: «Haga una regla en su vida de nunca lamentarse y nunca mirar hacia atrás. Lamentarse es una pérdida terrible de energía. Usted no puede construir sobre los lamentos. Sólo sirven para hundirse en ellos».

Considere las palabras del apóstol Pablo: «Olvidando ciertamente lo que queda atrás, y extendiéndome a lo que está adelante, prosigo a la meta, al premio del supremo llamamiento de Dios en Cristo Jesús» (Filipenses 3.13, 14). Es más probable que cometa errores cuando actúa solamente basándose en experiencias pasadas. No pueden existir pensamientos color de rosa sobre el futuro cuando su mente está llena de melancolía sobre el pasado.

Un granjero dijo una vez que su mula era terriblemente terca en cuanto a ir hacia delante —esto es también cierto de mucha gente hoy. ¿Es usted terco en cuanto a ir hacia delante? Phillip Raskin dijo: «El hombre que desperdicia el día de hoy lamentándose por ayer va a desperdiciar mañana lamentándose por hoy». Mate el insecto llamado «los buenos días de antaño».

El pasado siempre va a ser la forma que fue. Deje de tratar de cambiarlo. Su futuro contiene más felicidad que cualquier parte del pasado que pueda recordar. Crea que lo mejor todavía esta por delante.

Oscar Wilde dijo: «Ningún hombre es lo suficientemente rico como para poder comprar su pasado». Considere lo que dijo W. R.

Ing: «Los eventos del pasado pueden ser divididos a grosso modo en aquellos que probablemente nunca sucedieron y aquellos que no importan». Cuanto más mire hacia atrás, tanto menos va a avanzar. Thomas Jefferson tuvo razón cuando dijo: «Me gustan más los sueños del futuro que las historias del pasado». Muchos que viven en la vieja gloria viven en la reputación de su reputación.

Hubert Humphrey reflexionó: «Los viejos días de antaño nunca fueron tan buenos, créanme. Los buenos días son hoy, y días mejores llegarán mañana. Nuestras mejores canciones todavía no se han cantado». Si usted se encuentra que está deprimido, por lo general es porque vive en el pasado. ¿Cuál es una señal segura de estancamiento en su vida? Cuando vive en el pasado a costa del futuro. Note lo que dice Eclesiastés 7.10: «Nunca digas: ¿Cuál es la causa de que los tiempos pasados fueron mejores que estos? Porque nunca de esto preguntarás con sabiduría».

Estoy de acuerdo con el consejo de Laura Palmer: «No desperdicie hoy lamentándose por ayer en lugar de hacer un recuerdo para mañana». David McNally dice: «Su pasado no puede ser cambiado, pero usted puede cambiar su mañana por sus acciones de hoy». Nunca deje que ayer use demasiado de hoy. Es cierto lo que dijo Satchel Paige: «No mire hacia atrás. Algo puede estar tratando de alcanzarlo».

«Vivir en el pasado es un asunto solitario y aburrido; mirar hacia atrás pone tensión en los músculos del cuello, causando que choque con personas que no caminan en su dirección» (Edna Ferber). La primera regla para la felicidad es ésta: Evite las estadías largas en el pasado. Nada está tan lejos como lo que sucedió hace una hora. Charles Kettering agregó: «Usted no puede tener un mañana mejor si piensa en ayer todo el tiempo». Su pasado no se iguala a su futuro.

CLAVE # 33

UN VIAJE DE 10.000 KILÓMETROS COMIENZA CON UNA SOLA LLAMADA TELEFÓNICA.
—Compañía de telefono de confucio

Pequeños pasos... ¡qué gran idea! Dale Carnegie dijo: «No tema hacer lo mejor posible en algunas tareas que parecen pequeñas. Cada vez que usted conquista una, se hace más fuerte. Si hace los trabajos pequeños bien, los grandes tienden a resultarle más fáciles». Su futuro llega una hora por vez. Thomas Huxley observó: «El escalón de una escalera no se hizo para descansar sobre él, sino para permitirle al hombre poner su otro pie más alto».

Nunca se desaliente cuando realiza progreso, no importa lo lento que sea el progreso. Solamente guárdese de quedarse parado sin moverse. Las personas de éxito son las que hacen lo que pueden con lo que tienen, y en el lugar donde están. Helen Keller dijo: «Anhelo realizar una tarea grande y noble, pero es mi deber principal realizar tareas pequeñas como si fueran grandes y nobles».

Toda gloria viene cuando nos atrevemos a dar pasos pequeños. Después de haber sido fiel en los pasos pequeños, usted mirará hacia atrás y dirá: «Todavía no estoy adonde quiero estar, pero tampoco estoy donde estaba». Julia Carney dijo: «Pequeñas gotitas de agua, y pequeños granitos de arena, forman el grandioso océano, y la agradable tierra». El autor Louis L'Amour escribió: «La victoria no se gana por kilómetros sino por centímetros. Gane un poco ahora, manténgalo, y más tarde gane mucho más». A veces Dios nos da un poco para ver lo que haremos con mucho.

«Nadie comete un error más grande que el que no hizo nada porque podía hacer poco» (Edmund Burke). Las tareas pequeñas realizadas son mejores que las tareas grandes planeadas. «Aunque tu principio haya sido pequeño, tu postrer estado será muy grande»

(Job 8.7). Yo creo que a Dios le interesan tanto las cosas pequeñas en su vida como las grandes. ¿Por qué? Porque si usted es fiel en las cosas pequeñas, las grandes se encargarán de sí mismas.

El premio de cumplir un deber con éxito es la oportunidad de hacer otro. R. Smith dijo: «La mayor parte de las cosas importantes de la vida, las que llegan a ser el punto inicial del destino humano, son cosas pequeñas». Haga las cosas pequeñas ahora, y las cosas grandes van a llegarle pidiendo que las haga.

Una cosa es cierta: Lo que no se prueba no va a dar resultado. Lo más importante es comenzar, aun cuando el primer paso es el más difícil. Estoy de acuerdo con Vince Lombardi: «Los centímetros hacen a los campeones». Dé un paso pequeño ahora mismo. No pase por alto las cosas pequeñas. La cometa vuela porque tiene cola. Son las cosas pequeñas las que cuentan: Algunas veces un alfiler de gancho tiene una tarea de más responsabilidad que el presidente de un banco.

H. Storey afirmó: «Tenga la confianza de que si ha hecho bien una cosa *pequeña*, también puede hacer bien una cosa *más grande*». Considere lo que dijo Pat Roberston: «No desprecie el día de los comienzos pequeños porque usted puede cometer todos los errores en forma anónima». Valore las cosas pequeñas. Un día mirará hacia atrás y verá que fueron grandes. Dante dijo: «De una pequeña chispa puede surgir una gran llama». Recuerde esto mientras asciende en la vida: El perro más grande una vez fue un cachorrito.

CLAVE # 34

LA DILACIÓN ES EL FERTILIZANTE QUE HACE CRECER LAS DIFICULTADES.

Pregúntese a sí mismo: «Si no decido hacer algo ahora, ¿qué es lo que finalmente me va a costar?» Cuando una persona que posterga todas las cosas finalmente toma una decisión, la oportunidad ya ha pasado por su lado. Edwin Markum dijo:

Cuando el deber llega golpeando a su puerta,
Déle la bienvenida y déjelo entrar, porque si lo hace esperar,
Se va a ir solamente para regresar una vez más
Trayendo otros siete deberes a su puerta.

Lo que deje para mañana, es probable que también mañana lo deje para mañana. El éxito le llega al hombre que hace hoy lo que otros están pensando hacer mañana. Cuanto más holgazán es un hombre, tanto más deja para hacer mañana. «Todos los problemas se hacen más pequeños si usted no los esquiva, sino los enfrenta. Toque una flor de cardo con suavidad, y sus agujas lo van a pinchar; agárrela con determinación, y sus agujas se desmenuzarán» (William Halsey).

Cuando pierde tiempo, pierde vida. Cervantes reflexionó: «Por la calle llamada «En una ocasión futura» se llegará a la casa del nunca». La persona perezosa no camina a través de la vida —es empujada a través de ella. «El hombre sabio hace de inmediato lo que el hombre necio hace finalmente» (Graciano). Ningún día de la semana se llama «algún día». No hacer nada es el trabajo que produce más cansancio del mundo. Cuando usted no comienza, sus dificultades no van a parar. Enfrente cualquier dificultad ahora —cuanto más espere, tanto más grande será. Las personas que dejan todo para mañana nunca tienen problemas pequeños porque siempre esperan hasta que sus problemas se vuelven más grandes.

En el juego de la vida, nada tiene menos importancia que el puntaje a mitad del partido. «La tragedia de la vida no es que un hombre pierda, sino que casi gane» (Haywood Broun). ¡No se vaya antes que suceda el milagro! Robert Lewis Stevenson comentó: «Los santos son pecadores que siguieron adelante». La carrera no siempre la ganan los más rápidos, sino aquellos que siguen corriendo. Algunas personas esperan tanto, que el futuro ya se ha ido cuando llegan allí.

La mayor parte de la gente que se sientan a esperar que le llegue la victoria, encuentran que lo que les vienen son dificultades. Las cosas que le llegan a una persona que espera, pocas veces son las cosas que había estado esperando. El trabajo más arduo del mundo es el que debería de haber sido hecho ayer. El trabajo duro por lo general es una acumulación de cosas fáciles que deberían haber sido hechas la semana pasada.

Sir Josiah Stamp dijo: «Es fácil evitar nuestras responsabilidades pero no podemos evitar las consecuencias de evitar nuestras responsabilidades». William James reflexionó: «Nada causa tanta fatiga como la eterna persistencia de una tarea incompleta». Las personas que esperan para actuar hasta que las condiciones sean perfectas nunca van a hacer nada. Jimmy Lyons dijo: «Mañana es el único día del año que le resulta atrayente a un hombre perezoso».

La Biblia no le promete comida al hombre perezoso. «Un hombre que no tiene nada que hacer realiza una "labor" mucho más agotadora que cualquier otro tipo de trabajo. Pero yo le tengo más lástima al hombre que evita un trabajo que sabe que debería hacer. Es un holgazán, y ¡qué castigo recibe… de sí mismo!» (E. R. Collcord) Lábrese un futuro; no simplemente pase el tiempo golpeando una piedra.

CLAVE # 35

VAYA DEL...

Vaya del agotamiento a recargarse.

Vaya del fracaso al aprendizaje.

Vaya de los lamentos del pasado a los sueños del futuro.

Vaya de sentirse frustrado a tener enfoque.

Vaya de no ver a Dios en ningún lado a verlo en todos lados.

Vaya del prejuicio a la reconciliación.

Vaya de lo ordinario a lo extraordinario.

Vaya de lo defectuoso a lo que es efectivo.

Vaya de ser malicioso a tener discernimiento.

Vaya de ser un quejoso a ser un ganador.

Vaya de estar tibio a estar lleno de entusiasmo.

Vaya de la seguridad a la oportunidad.

Vaya del temor a la fe.

Vaya de resistir a recibir.

Vaya de pensar en sí mismo a pensar en los demás.

Vaya de quejarse a estar abierto para recibir.

Vaya de ir a la deriva a estar en control.

Vaya de ser un problema a ser una respuesta.

Vaya de tratar de hacer algo a comprometerse a hacerlo.

Vaya de ser una copia a ser un original.

Vaya de envidiar a otros a servir a otros.

Vaya de la ingratitud al agradecimiento.

Vaya de encontrar faltas al perdón.

Vaya de las críticas a hacer cumplidos.

Vaya de las excusas a la acción.

Vaya de las dilaciones al progreso.

Vaya de la vacilación a la obediencia.

Vaya de mezclarse con el grupo a destacarse.

Vaya de estar dividido a estar enfocado.

Vaya de tomar a dar.

Vaya de querer ser una persona sabia a ser una persona sabia.

Vaya de la palabra a la Palabra.

Vaya de estar lleno de orgullo a estar lleno de Dios.

MIRE HACIA ARRIBA

MIRÉ HACIA
ARRIBA

CLAVE # 36

NO ESPERE A QUE TODAS LAS LUCES SEAN VERDES ANTES DE SALIR DE SU CASA.
—JIM STOVALL

No haga nada que no requiera fe. G. C. Lichtenberg dijo: «Nunca emprenda nada por lo cual no tuviera el valor de pedir la bendición del cielo». Ed Cole, hablando de la fe, dijo: «Hay tres niveles de conocimiento: Dios está por mí. Dios está conmigo. Dios está dentro de mí». El Salmo 56.9 dice: «Serán luego vueltos atrás mis enemigos, el día que yo clamare; esto sé, que Dios está por mí». Acepte y reciba solo los pensamientos que contribuyen a su éxito, que están de acuerdo a la Palabra de Dios y a Su voluntad para la vida de usted.

Wayne Gretsky es probablemente el mejor jugador de hockey de la historia. Cuando le preguntaron cuál era su secreto para continuar siendo el líder de la liga de hockey nacional año tras año, como el jugador que anotaba más puntos, dijo: «Yo patino hacia donde el disco va a estar, no hacia donde ha estado». Atrévase a ir más allá de donde puede ver. «No busque entender para creer, sino crea para poder entender» (San Agustín).

Demasiada gente espera muy poco de Dios, piden muy poco, y por lo tanto reciben poco y se conforman con poco. Sherwood Eddie dijo: «La fe no es tratar de creer en algo sin tener en cuenta la evidencia; la fe es atreverse a hacer algo sin tener en cuenta las consecuencias». Creo sinceramente que lograríamos muchas más cosas si no las viéramos automáticamente como imposibles.

Dios les dio al hombre la capacidad de mirar hacia arriba para que mirara los cielos y dirigiera su rostro hacia arriba para mirarlo a Él. Nunca diga que las condiciones no son las correctas. Esto siempre limitará a Dios. Si espera que las condiciones sean completamente buenas, nunca obedecerá a Dios. En Isaías 1.19, la Biblia dice: «Si quisiereis y oyereis, comeréis el bien de la tierra».

Los que se atreven, son los que hacen las cosas, los que no se atreven, no las hacen. Isak Dinesen dijo: «Dios hizo redondo el mundo para que nunca pudiéramos ver demasiado lejos por el camino». La persona que no se atreve a hacer algo no necesita esperar nada. Usted ha llegado al estancamiento cuando todo lo que ejercita es la cautela. Algunas veces debe continuar hacia delante a pesar del miedo que le pulsa en el cerebro y le dice: «Vuelve atrás».

Si Dios es dejado afuera, hay algo que está mal adentro. Dios nunca permitirá que nada lo confronte que usted y Él no puedan manejar. Mary Lyon dijo: «Confíe en Dios —y haga algo».

Dios dijo: «Ven hasta el borde».
Nosotros dijimos: «Es muy alto».
«Ven hasta el borde».
Nosotros dijimos: «Me puedo caer».
«Ven hasta el borde», nos dijo Dios.
Y dimos un paso adelante.
Y nos empujó.
Y volamos.

CLAVE # 37

PREGUNTAS.

¿Pone usted un signo de interrogación donde Dios ha puesto un punto?

¿Aborda problemas que son más grandes que usted?

¿Deja a otras personas mejor de lo que las encontró?

¿Es «yo» su palabra favorita?

En sus oraciones, ¿con cuánta frecuencia dice lo siguiente? «Y ahora Dios, ¿qué es lo que puedo hacer por ti?»

¿Cree en sus dudas y duda de sus creencias?

¿Qué aprovechará a un hombre si ganara todo el mundo y perdiera su alma en el proceso? (Jesús)

¿Qué sucedería si cambiara las palabras que habló sobre sus problemas más grandes? ¿Sobre su oportunidad más grande?

¿Se está convirtiendo en alguien común y corriente?

¿Dirá la gente lo siguiente sobre su vida? «Nunca hizo nada, pero lo hizo bien».

¿Cuánto de usted tiene Dios?

¿Hay una trayectoria larga de sus palabras a sus hechos?

Si trata de ser como él (o ella), ¿quién va a ser como usted?

¿Le da usted el control de su vida a otra cosa que no sea la fe?

¿Qué clase de mundo sería este si todos fueran como usted?

Si usted no acciona ahora, ¿qué es lo que le costará finalmente?

¿Es usted una persona que dice: «Mi decisión es tal vez, y no hay más que hablar»?

¿Está levantando una polvareda, o está comiendo polvo? (Bill Grant)

¿Quién de ustedes preocupándose puede agregar una sola hora a su vida? (Jesús)

¿Cuenta sus bendiciones o cree que sus bendiciones no cuentan?

¿Necesita que le den un buen sacudón para que se le caigan todos los «no puedo»?

¿Es conocido por las promesas que no guarda?

¿Estaría orgulloso el niño que usted fue del hombre que es hoy?

¿Ya está desilusionado con su futuro?

¿Con cuánta frecuencia le pregunta a Dios lo siguiente? «Dios, ¿qué vas a hacer hoy? ¿Puedo participar en eso?»

CLAVE # 38

NUNCA TOME EL CONSEJO QUE LE DAN SUS TEMORES.

La preocupación parece ser el pecado que la mayor parte de las personas no temen cometer. Solíamos temer a Dios. Ahora le tememos a todo lo demás. Nicholas Berdyaev dice: «El primer deber espiritual del hombre es la victoria sobre el temor».

Los temores, al igual que los bebés, se hacen más grandes cuando se les nutre. El temor quiere crecer con más rapidez que los adolescentes. Disraeli dice: «Nada en la vida es más notable que la innecesaria ansiedad que soportamos y que generalmente creamos nosotros mismos». Debemos actuar a pesar del temor... no debido a él. Si usted teme ponerse a la altura de las circunstancias, nunca va a hacer nada notable.

La hermana Mary Tricky dijo: «El temor es fe que no funciona». La Biblia dice en el libro de los salmos: «Dios es nuestro amparo y fortaleza, nuestro pronto auxilio en las tribulaciones. Por tanto, no temeremos». No tema porque Dios está con usted. Él nunca lo dejará solo para que enfrente los desafíos.

Lucy Montgomery dijo: «Solo parece que está haciendo algo cuando se preocupa». La preocupación no ayuda a los problemas de mañana, pero arruina la felicidad de hoy. «Un día que se pasa preocupándose cansa más que un día de trabajo» (John Lubbock). Cuando usted se preocupa por el futuro, muy pronto no habrá futuro por el que preocuparse. No importa lo mucho que una persona le tema al futuro, por lo general quiere estar allí para verlo. La verdad es que más personas se preocupan por el futuro que las que se preparan para él.

Nunca se preocupe hasta que la preocupación lo perturbe. Arthur Roche dijo: «La preocupación es una corriente fina de temor que gotea en la mente. Si se alienta, corta un canal a través del cual todos los otros pensamientos desaparecen». En cambio, siga el consejo del doctor Rob Gilbert: «No es malo sentir que se le ponen los nervios de punta. Simplemente no deje que eso lo paralice».

Solo su mente puede producir temor. Jesús dijo: «¿Quién de vosotros podrá, por mucho que se afane, añadir a su estatura un codo?» Elegimos nuestros gozos y nuestros temores mucho antes de experimentarlos. Estoy de acuerdo con Helen Keller: «Me da un sentimiento profundo y consolador saber que las cosas que se ven son temporales y que las que no se ven son eternas». George Porter dijo: «Siempre esté alerta en cuanto a su imaginación. Cuántos leones crea en nuestro camino, y con cuánta facilidad. Y sufrimos mucho si no nos volvemos sordos a sus cuentos y sugerencias».

La preocupación nunca arregla nada. Shakespeare escribió: «Nuestras dudas son traidores, y nos hacen perder lo que a menudo podríamos ganar, por temor a intentar». Emanuel Celler dice: «No se remangue los pantalones hasta que llegue al agua».

«Si está afligido por algo externo, el dolor no se debe a esa cosa en sí misma, sino a su estimado de ella, y usted tiene el poder de revocar eso en cualquier momento» (Marco Aurelio). Los temores mienten y pueden impedir que vayamos al lugar en el que podríamos ganar. Siempre hay dos voces que suenan en nuestros oídos —la voz del temor y la voz de la fe. Una es el clamor de los sentidos; la otra es el susurro de Dios. Nunca deje que sus temores le roben y le impidan perseguir su sueño.

CLAVE # 39

ORE HASTA QUE SIENTA QUE HA ORADO.

Cosas sorprendentes comienzan a suceder cuando comenzamos a orar. El tiempo que se pasa orando no es tiempo perdido. Charles Spurgeon enseñó: «A veces pensamos que estamos demasiado ocupados para orar. Eso es un error grande, porque orar es ahorrar tiempo». A. J. Gordon agregó: «Usted puede hacer más que orar después que ha orado, pero no puede hacer sino orar *hasta* que ha orado».

«Las mejores oraciones a menudo tienen más gemidos que palabras» (John Bunyan). Yo experimenté esto cuando pasé por un tiempo de muchas necesidades urgentes. En realidad, llegué a un punto cuando casi no podía orar por mis necesidades porque eran tantas. La única oración que pude pronunciar fue: «¡Ayúdame!», y recuerdo haberla orado más de 30 veces hasta que experimenté una brecha. El libro de los salmos declara: «Oh Jehová… está atento a mi clamor» (17.1). Una de las oraciones más sabias que oré fue «¡Ayúdame!» Cuando usted da un paso hacia Dios, Dios dará más pasos hacia usted de los que podría contar. Él se movió para suplir mi necesidad.

La oración prueba que usted confía en Dios. Oswald Chambers dijo: «Miramos a la oración como un medio de obtener cosas para nosotros mismos; la idea de la Biblia sobre la oración es que podamos conocer a Dios mismo». Siga el consejo de Dwight L. Moody: «Coloque sus peticiones delante de Dios, y luego diga: "Hágase tu voluntad y no la mía". La lección más dulce que he aprendido en la escuela de Dios es dejar que el Señor escoja por mí». Ore con profundidad antes de que se encuentre en un hoyo profundo.

Las oraciones no pueden ser contestadas hasta que no hayan sido oradas. Nada significativo sucede hasta que no haya orado fervientemente; ¡ore hasta que sienta que ha orado! F. B. Myer dijo: «La gran tragedia de la vida no es las oraciones *no contestadas*, sino las oraciones *no ofrecidas*». Byron Edwards dijo: «La verdadera oración siempre recibe lo que pide —o algo mejor». Las respuestas de Dios son más sabias que las respuestas de usted. Ann Lewis dijo: «Hay cuatro maneras en que Dios responde a las oraciones: No, todavía no; no, te amo demasiado; sí, creí que nunca me lo pedirías; sí, y aquí hay más».

«Cada vez que oramos nuestro horizonte es alterado; nuestra actitud hacia el cambio es alterada, no algunas veces, sino todas las veces. Lo sorprendente es que no oremos más» (Oswald Chambers). Desdichadamente, de nada se habla más y se practica menos que la oración. Ore con la vista fija en Dios, no es sus problemas. Martín Lutero dijo: «Cuanto menos oro, tanto más difícil se me hacen las cosas; cuanto más oro, tanto más fácil me resultan». Arrodillarse con frecuencia lo mantendrá bien parado para con Dios. Margaret Gibb dijo: «Debemos movernos de pedirle a Dios que se encargue de las cosas que nos parten el corazón, a orar acerca de las cosas que le parten el corazón a Él». Es imposible ser una persona de oración y ser pesimista al mismo tiempo. E. M. Bounds dijo: «La oración es nuestra arma más formidable; lo que hace que todo lo demás que hacemos sea eficiente».

Mark Litteton dijo: «Vuelva sus dudas en preguntas; vuelva sus preguntas en oraciones; y dirija sus oraciones a Dios». La oración no es un aparato que usamos cuando todo lo demás no da resultado. En realidad, estoy de acuerdo con O. Hallesby cuando dijo: «Comience a darse cuenta más y más que orar es lo más importante que hace. No puede usar su tiempo de manera más provechosa que orar cuando tiene la oportunidad de hacerlo, ya sea solo o con otros; mientras trabaja, mientras descansa o mientras camina por la calle. ¡En todos lados!»

CLAVE # 40

HAY ALGO QUE DEBE COMENZAR QUE HA SIDO ORDENADO QUE TERMINE.
—Myles Monroe

¿Está andando a tientas hacia un futuro incierto? Usted puede predecir su futuro por la conciencia que tiene de su propósito. Demasiada gente sabe de lo que huye pero no sabe hacia dónde corre. Primero, concéntrese en encontrar su propósito, luego concéntrese en cumplirlo. Tener un poderoso *por qué* le va a proveer el necesario *cómo*. Su cualidad positiva más grande es su propósito, y no el dinero.

Cuando usted basa su vida en principios, 99 por ciento de sus decisiones ya están hechas. El propósito hace lo que debe hacer; el talento hace lo que puede. ¿Está considerando un curso de acción? Escuche las palabras de Marco Aurelio: «No se debería hacer nada sin un propósito». Robert Byrne dijo: «El propósito de la vida es una vida de propósito».

«La altura de sus logros va a ser igual a la profundidad de sus convicciones. Busque la felicidad por obtener felicidad, y no la encontrará; búsquela con un propósito, y la felicidad lo va a seguir como una sombra aparece con la luz del sol» (William Scolavino). Cuando usted busca su destino, va a ser como un imán que lo atrae, no como un anillo de cobre que lo rodea solo una vez. El destino atrae.

John Foster dijo: «Es penoso y vergonzoso no poder responder, con cierto grado de certidumbre, a las simples preguntas: "¿Qué va a ser usted? ¿Qué va a hacer usted?"» El doctor Charles Garfield agregó: «Los que se desempeñan mejor son las personas que están consagradas a una misión que las impulsa. Es muy claro que les importa mucho lo que hacen; y a sus esfuerzos, energía y entusiasmo se les puede trazar la pista hacia esa misión particular». Usted no es libre en realidad hasta que no ha sido cautivado por su misión suprema en la vida.

No ore que Dios haga esto o aquello, más bien ore que Dios le haga conocer Su propósito a usted. William Cowper dijo: «La única verdadera felicidad llega de gastarnos a nosotros mismos por un propósito». Fíjese lo que dice Proverbios 19.21: «El corazón humano genera muchos proyectos, pero al final prevalecen los designios del Señor» (Nueva Versión Internacional). Tenga la confianza de que Dios está con usted y que proveerá lo que necesita para cumplir Su propósito.

No abandone su futuro —es un ancla en la tormenta. Una vida sin propósito es una muerte prematura. El Salmo 138.8 dice: «Jehová cumplirá su propósito en mí; tu misericordia, oh Jehová, es para siempre». Rick Renner observó: «La única cosa que lo apartará de la voluntad de Dios es que se mire a sí mismo y diga: "No soy mucho entre tanta gente"». Usted no puede hacer nada en cuanto a la duración de su vida, pero sí puede hacer algo en cuanto a su profundidad y anchura. Lo que cree es la fuerza que determina lo que logra o lo que falla en lograr en la vida.

La vida de una persona promedio consiste de veinte años en los cuales sus padres le preguntan adonde va, cuarenta años en los cuales su cónyuge le formula la misma pregunta, y al final, los dolientes se preguntan lo mismo en su funeral. Martin Luther King Jr. dijo: «Si un hombre no ha descubierto algo por lo que está dispuesto a morir, no está capacitado para vivir». Abandónese al destino.

CLAVE # 41

¿CUENTA USTED SUS BENDICIONES O PIENSA QUE SUS BENDICIONES NO CUENTAN?

«Si la única oración que dijera en su vida fuera "Gracias", eso sería suficiente» (Miester Eckhart). ¿Tiene usted una actitud de gratitud? Si nos detuviéramos a pensar más, seríamos mucho más agradecidos. De todos los sentimientos humanos, la gratitud es la que tiene la peor memoria.

Cícero dijo: «Un corazón agradecido no solo es la mayor de todas las virtudes, sino que es la madre de todas las virtudes». El grado en el que es agradecido es una buena medida de su salud espiritual. Max Lucado escribió: «El diablo no tiene que robarle nada a usted; todo lo que tiene que hacer es lograr que usted lo dé por sentado». Cuando cuenta todas sus bendiciones, siempre mostrará una ganancia.

Reemplace los lamentos con palabras de gratitud. Sea agradecido por lo que tiene; no se lamente de lo que no tiene. Si no puede ser agradecido por lo que tiene, entonces sea agradecido por las cosas de las que se ha librado. Henry Ward Beecher dijo: «Los mal agradecidos… no descubren misericordia; pero el corazón agradecido… encontrará en cada hora, algunas bendiciones celestiales». Cuanto más se queje, menos obtendrá.

«Si obtenemos todas las cosas que queremos, muy pronto no vamos a querer nada de lo que hemos obtenido» (Vernon Luchies). Si no disfruta de lo que tiene, ¿cómo podría ser feliz con más? Francis Schaefer dijo: «El principio de la rebelión del hombre contra Dios fue, y es, la falta de un corazón agradecido». Las semillas del desaliento no crecerán en un corazón agradecido. Erich Fromm observó: «La codicia es un barril sin fondo que extenúa a una persona en un esfuerzo sin fin de satisfacer la necesidad, sin jamás alcanzar la satisfacción».

Epicuro reflexionó: «Nada es suficiente para el hombre a quien suficiente es demasiado poco». Es una señal segura de mediocridad ser moderado con nuestro agradecimiento. No se encuentre tan ocupado pidiéndole favores a Dios que no le quede tiempo para agradecérselos. Me puedo compenetrar con lo que dijo Joel Budd: «Me siento como si yo hubiera sido el autor del himno *Maravillosa gracia*».

«La felicidad siempre se ve pequeña cuando la tiene en sus manos, pero déjela ir, y de pronto verá lo grande y preciosa que es» (Maxim Gorky). Creo que deberíamos tener la actitud de George Hubert, cuando dijo: «Tú, Señor, que me has dado tantas cosas, dame una cosa más —un corazón agradecido». La Biblia dice en los salmos: «Vengamos ante tu presencia con acción de gracias». Nuestro agradecimiento a Dios siempre debería preceder nuestras peticiones a Él. En 1 Tesalonicenses 5.17, 18, la Biblia nos desafía: «Orad sin cesar. Dad gracias en todo».

«No le damos gracias a Dios por mucho de lo que nos ha dado. Nuestras oraciones demasiado a menudo son las oraciones del mendigo, oraciones que piden algo. Ofrecemos demasiado pocas oraciones de agradecimiento y de alabanza» (Robert Woods). Que no llegue al final de su vida diciendo: «¡Qué vida tan maravillosa he tenido! Lo que hubiera querido es haberme dado cuenta de eso antes y haberla apreciado».

Gracias, Señor, por la vajilla sucia;
    porque cuentan una historia.
Mientras que otras personas pasan hambre,
    nosotros comemos muy bien.
Con un hogar, con buena salud y felicidad,
    no deberíamos quejarnos;
Porque por todas estas evidencias,
    Dios es muy bueno con nosotros.

CLAVE # 42

SEA...

Sea... usted mismo.

Sea... positivo.

Sea... agradecido.

Sea... determinado.

Sea... misericordioso.

Sea... persistente.

Sea... honesto.

Sea... excelente.

Sea...confiado.

Sea... una persona de oración.

Sea... fiel.

Sea... comprometido.

Sea... dedicado.

Sea... enfocado.

Sea... perdonador.

Sea... entusiasta.

Sea... esperanzado.

Sea... digno de confianza.

Sea... leal.

Sea... un ayudador.

Sea... amable.

Sea... feliz.

Sea... valiente.

Sea... generoso.

Sea... amoroso.

Sea... alguien en quien se puede confiar.

Sea... sabio.

Sea... santo.

Sea... obediente.

Sea... una persona de propósito.

Sea... efectivo.

Sea... creativo.

Sea... responsable.

Sea... devoto.

Sea... paciente.

Sea... optimista.

Sea... compasivo.

CLAVE # 43

LO QUE DA VIVE.

Una buena manera de juzgar a una persona es por lo que dice. Una manera mejor es por lo que hace. La mejor manera es por lo que da. Elizabeth Bibesco dijo: «Benditos son los que pueden dar sin recordar, y recibir sin olvidar». El problema no es con las personas que tienen y las que no tienen —es con las que no dan. Dios ama al dador alegre, y también lo ama todo el mundo.

El secreto de la vida es dar. Charles Spurgeon dijo: «Sienta por otros —en su billetera». Un proverbio de la India dice: «La personas buenas, al igual que las nubes, reciben solo para dar». Por cierto que la mejor generosidad es la que es rápida. Cuando usted da enseguida, es como si diera dos veces. R. Browne dice: «Lo que sea que Dios hace en su vida no es para que se lo guarde para sí mismo. Él quiere que les dé a otros». Cuando da solo después de que le han pedido, ha esperado demasiado.

La Biblia dice en el libro de Los Hechos: «Más bienaventurado es dar que recibir» (20.35). Dar es siempre el termómetro de nuestro amor por otros. Eleanor Roosevelt dijo: «Cuando usted deja de hacer una contribución, comienza a morir». Los que reciben no son felices. Los que dan sí lo son. Cuando usted vive para los demás, es la mejor manera de vivir su vida. John Wesley aconsejó: «Haga lo más que pueda, ahorre lo más que pueda, y dé lo más que pueda». Esa es una fórmula excelente para una vida exitosa.

Los suizos dicen: «Una persona codiciosa y una persona pobre son prácticamente una y la misma». Cuando se trata de dar, a algunas personas nada las detiene. La codicia siempre disminuye lo que ha sido ganado. Mike Murdock dijo: «Dar es prueba de que ha conquistado la codicia».

Mucha gente está dispuesta a darle a Dios el crédito, pero no muchos están dispuestos a darle el efectivo. No estafe al Señor y llame a eso ahorros. El problema con demasiada gente que da hasta que duele, es que son demasiado sensibles al dolor.

Si tiene, dé. Si no tiene, dé. G. D. Bordmen dijo: «La ley de la cosecha es recoger más de lo que siembra». Es verdad: La gente que da siempre recibe.

Henry Drummond dijo: «No hay felicidad en tener o en obtener, solamente en dar». La prueba de la generosidad no es necesariamente cuánto da sino cuánto le queda. Henry Thoreau dijo: «Si da dinero, gástese a sí mismo con él». El secreto de la vida es dar.

CUANDO DIOS ES TODO LO QUE TIENE, ENTONCES ÉL ES TODO LO QUE NECESITA.

Billy Joe Daugherty dijo: «No es difícil encontrar a Dios. Pero hay una condición... debemos buscarlo de todo corazón». Usted siempre se mete en problemas cuando trata de manejar la vida sin Dios. Segunda Crónicas 32.8 dice: «Con nosotros está Jehová nuestro Dios para ayudarnos y pelear nuestras batallas». Dios, el Guerrero por excelencia, vive en usted. Si usted es un soldado de Cristo, no se preocupe por la opinión pública. Solo preocúpese por la opinión de su Comandante. Si usted le teme a Dios, no necesita temerle a ninguna otra cosa.

Creo que deberíamos seguir el consejo de Mary Lyons: «Confíe en Dios y haga algo». A Satanás no le importa lo que adoramos, mientras tanto no adoremos a Dios. Demasiadas personas le piden a Dios que las guíe, y luego toman el volante del automóvil. Su relación con Dios durará si Él es el primero en su vida. Demasiadas personas quieren la bendición de Dios, pero no lo quieren a Él.

Cuando usted pierde a Dios, no es Dios el que está perdido. Algunas personas hablan de encontrar a Dios como si Dios estuviera perdido. La Biblia dice: «Acercaos a Dios, y él se acercará a vosotros» (Santiago 4.8). Tommy Barnett reflexionó: «Cuanto más profundo voy yo, tanto más profundo va Él». Para aumentar su valor, conozca a Dios. Órele a Dios: «Quiero estar en tu voluntad, y no interponerme en tu camino». William Law agregó: «Nada nos ha separado de Dios sino nuestra propia voluntad, o más bien, nuestra propia voluntad es nuestra separación de Dios».

Oswald Chambers nos aconseja: «Fórmese el hábito de tratar con Dios sobre todas las cosas. A menos que en el primer instante en que se despierta usted aprende a abrir de par en par la puerta y dejar entrar a Dios, trabajará en un nivel errado todo el día; pero abra la puerta de par en par y ore a su Padre en secreto, y todas las cosas públicas estarán estampadas con la presencia de Dios». No ore con la mente; ore con el corazón.

La Biblia nos encuentra donde estamos, y con nuestro permiso, nos llevará adonde deberíamos estar. Otros libros nos fueron dados para información, pero la Biblia nos fue dada para transformación. Una persona que simplemente gusta aquí y allí la Palabra de Dios nunca adquirirá mucho placer en ella. El Salmo 35.27 declara: «Pero haz que griten de alegría los que desean mi bien. Permíteles que siempre digan: "¡Dios es muy grande! ¡Busca el bien de quien le sirve!"» (Paráfrasis)

Nuestro clamor de todo corazón a Dios debería ser como el de Isaías: «Heme aquí. Envíame a mí» (Isaías 6.8). Considere las palabras de W. H. Atken cuando dijo: «Señor, toma mis labios y habla a través de ellos; toma mi mente y piensa a través de ella; toma mi corazón y hazlo encender». No solo debemos dar lo que tenemos, también debemos darle a Dios lo que somos.

CLAVE # 45

HAGA LO CORRECTO, DE LA FORMA CORRECTA, EN EL TIEMPO CORRECTO.

Su éxito tiene poco que ver con la velocidad pero mucho que ver con el tiempo correcto y la dirección. ¿Qué beneficio es correr si está en el camino equivocado? La clave es hacer lo correcto en el tiempo correcto. Tryon Edwards dijo: «Tenga un tiempo y un lugar para cada cosa, y haga cada cosa en su tiempo y su lugar, y no solo va a alcanzar más logros, sino que va a tener más tiempo libre que los que siempre se están apurando». El problema es que muchos ambiciosos nunca se detienen el tiempo suficiente para dejar que la oportunidad los alcance.

Beverly Sills dice: «No hay atajos que lleven a un lugar al que valga la pena ir». El camino que lleva a la cumbre no es ni rápido ni fácil. Nada que valga la pena va a ocurrir de prisa —así que sea paciente. Debido a la impaciencia, somos apartados de la voluntad de Dios; la impaciencia continua nos causa que no regresemos. No sea impaciente; recuerde, no se puede calentar las manos quemándose los dedos. Cuanta menos paciencia tiene una persona, tanto más la pierde.

Dios no creó el apuro. Lord Chesterfield dijo: «El que está apurado muestra que lo que quiere hacer es demasiado grande para él». Cuando usted no está en el tiempo correcto, va a tener que apurarse y segará frustración. En realidad hay más en la vida que aumentar su velocidad. Las personas que marchan apuradas a través de la vida llegan al final de ella con más rapidez.

Brendon Francis comentó: «Fracasar en una tarea tal vez sea el resultado de hacer algo en el tiempo incorrecto». Si el tiempo ha pasado, la preparación no logra nada. Leonardo dijo: «El tiempo es suficiente para el que lo usa». El problema con vivir la vida apurado es que se llega al otro lado demasiado pronto. Soren Kierkegaard dijo: «La mayoría de las personas persiguen el placer con tanta precipitación que le pasan de lado velozmente». Quien más corre, menos avanza; déle tiempo al tiempo. Mucha gente sobrestima lo que puede hacer en un año y desestiman lo que pueden hacer en el transcurso de la vida.

Bruyere dijo: «No hay camino demasiado largo para el hombre que avanza en forma deliberada y sin prisa indebida; no hay honor demasiado distante para el hombre que se prepara para él con paciencia». Muchas veces la acción que usted toma en el tiempo correcto no tiene relación inmediata con la respuesta —es simplemente para llevarlo a usted al lugar correcto en el tiempo correcto.

Somos más felices cuando descubrimos que lo que estamos haciendo y lo que deberíamos estar haciendo son la misma cosa. Usted nunca va a llegar a ser lo que debería ser hasta que no haga lo que debería estar haciendo.

Si está mirando hacia la dirección correcta, siga caminando. Francis Bacon dice: «El hombre cojo que se mantiene en el camino correcto deja atrás al corredor que toma el camino equivocado… Cuando más activo y rápido sea este último, tanto más lejos irá en la dirección equivocada».

Adopte el ritmo adecuado. Si va demasiado rápido, puede alcanzar la desgracia, y si va demasiado despacio, la desgracia lo puede alcanzar a usted. La Biblia dice: «Lámpara es a mis pies tu palabra, y lumbrera a mi camino» (Salmo 119.105). Deje que Dios sea su guía, y no irá a los lugares incorrectos.

CLAVE # 46

SEA LO QUE ES.

Tengo la oportunidad de pasar mucho tiempo en los aeropuertos debido a que viajo con mucha frecuencia. Casi invariablemente, cuando estoy en un aeropuerto, noto que hay muchas personas que parecen estar apuradas para no ir a ningún lado. ¿No es increíble que tanta gente dedique toda su vida a campos de trabajo que no tienen nada que ver con los dones y talentos que Dios les ha dado? Es increíble, pero muchos en realidad pasan toda la vida tratando de cambiar la forma en que fueron creados.

Dios sabía lo que estaba haciendo cuando puso dones específicos, talentos y puntos fuertes en usted. Primera de Corintios 7.7 afirma: «Cada uno tiene su propio don de Dios». Marco Aurelio dijo: «Tenga completa consciencia de las cosas excelentes que posee y con gratitud recuerde cómo las ansiaría si no las tuviera».

Robert Quillen reflexionó: «Si usted cuenta todas las cosas buenas de su vida siempre va a mostrar una ganancia». Aproveche las oportunidades para usar sus dones. «Póngase en un lugar en que lo vean. Esto siempre trae a la luz sus talentos» (Baltasar Gracian). Nunca se juzgue a sí mismo por sus debilidades. Estoy de acuerdo con Malcom Forbes quien afirmó: «Demasiadas personas sobreestiman lo que no son y subestiman lo que son». Usted es más rico de lo que cree ser.

Nathaniel Emmons dijo: «Una razón principal por la cual los hombres tan a menudo son inútiles es que descuidan su propia profesión o llamado y ponen su atención en una multitud de objetos o búsquedas». Lo mejor de sí mismo siempre surgirá cuando usted usa los mejores dones que Dios le ha dado. Estoy de acuerdo con

William Matthews cuando dijo: «Un talento bien cultivado, profundizado y agrandado, vale 100 facultades de poca profundidad».

Demasiadas personas toman solo en consideración lo que quieren, nunca sus talentos o habilidades. Dentro de lo profundo de sí, si usted es músico, entonces practique la música. Si es maestro, enseñe. Sea lo que es, y estará en paz consigo mismo. Estoy de acuerdo con William Boetecher quien afirmó: «Cuanto más aprenda qué hacer consigo mismo, y cuanto más haga por otros, tanto más aprenderá a disfrutar la vida abundante». Haga lo que le resulta más natural. Yoruba dijo: «Usted no puede impedirle a un cerdo que se revuelque en el barro».

Estoy de acuerdo con Sydney Harris: «Noventa por ciento de los problemas del mundo vienen porque las personas no se conocen a sí mismas, ni sus habilidades y sus debilidades, e inclusive sus verdaderas virtudes». No espere nada original de un eco. Musset dijo: «Qué glorioso, y también qué doloroso, es ser una excepción». Billy Walder agrega: «Confíe en sus propios instintos. Es mejor que sus errores sean los propios, en vez de los de alguien más». Abraham Lincoln reflexionó: «Lo que quiera que sea, sea bueno».

E. E. Cummings aconsejó: «Ser nadie más que sí mismo —en un mundo que hace todo lo posible, noche y día, para que usted sea como los demás—, significa pelear la batalla más recia que pueden pelear los seres humanos y nunca dejar de pelearla». Todo esto se reduce a: ¡Sea usted mismo!

NO SALTE DE CABEZA A LOS PROBLEMAS.

Hace poco ví un letrero debajo de un gran pez róbalo de boca grande embalsamado. Decía: «Si hubiera tenido la boca cerrada, no estaría aquí». ¡Qué gran verdad! Lo que decimos es importante. Job 6.25 nos recuerda: «Cuán eficaces son las palabras rectas». Permítame proponerle esta pregunta: ¿Qué sucedería si cambiara lo que dice en cuanto a su problema más grande, su oportunidad mayor?

Nuestra oración a Dios debería ser: «Oh, por favor llena mi boca con cosas de valor, e indícame cuando he dicho lo suficiente». Proverbios 29.11 dice: «El necio da rienda suelta a toda su ira». Siempre diga menos de lo que sabe. Nunca permita que su lengua diga cosas de las que luego tendrá que arrepentirse. La lengua humana está a unos pocos centímetros del cerebro, pero cuando usted escucha hablar a algunas personas, parecen kilómetros de distancia. La lengua marcha con más rapidez cuando el cerebro está en punto muerto.

Un entrenador de una secundaria estaba teniendo problemas en cuanto a motivar a su equipo para que alcanzara su potencial. El equipo tenía la reputación distintiva de llegar últimos en todas las carreras en que participaban. Un factor que contribuía a este programa de tan poco éxito eran las charlas de aliento que les daba el entrenador. Su herramienta de más inspiración, pensaba él, era decirles: «Manténganse corriendo hacia la izquierda y apúrense a regresar». Sus palabras tienen el poder de comenzar fuegos o de apagar la pasión.

Escoja hablar palabras positivas, motivadoras y agradables. Pascal comentó: «Las palabras amables no cuestan mucho. Jamás le provocan ampollas a la lengua o a los labios. Los problemas mentales nunca surgieron de ellas. Aunque no cuestan mucho, sin embargo, logran mucho. Hacen salir lo bueno de los demás. También producen su propia imagen en el alma de un hombre, y qué bella imagen es ésa». Colosenses 4.6 aconseja: «Sea vuestra palabra siempre con gracia, sazonada con sal, para que sepáis cómo debéis responder a cada uno». Sir Wilfred Grenfell dijo: «Ponga en camino algunas palabras amables. No se sabe adonde pueden detenerse».

«Las palabras "yo soy" son poderosas; tenga cuidado con lo que dice a continuación de ellas. Lo que afirma tiene una forma de volver y afectarlo a usted» (A. L. Kietselman). Algunas veces sus peores enemigos y sus amigos más confiables son las palabras que se dice a sí mismo. Henry Ward Beecher reflexionó: «Una palabra de ayuda a una persona atribulada a menudo es como un interruptor en las vías de un ferrocarril... unos centímetros entre un choque y la prosperidad que viaja suavemente». Johann Lavater dijo: «Nunca diga nada malo de una persona a menos que sepa que es verdad, y si sabe que es verdad, entonces pregúntese a sí mismo: "¿Por qué debería decirlo?"»

La Biblia dice que hay vida y muerte en el poder de la lengua (Proverbios 18.21). ¿Qué palabras tienen el efecto más poderoso en usted? George Burnham dijo: «"No puedo hacerlo", nunca ha logrado nada. "Trataré de hacerlo" ha logrado maravillas».

Para que sus labios no digan cosas inapropiadas;
Debe cuidar cinco cosas;
A quien le habla, de quien habla,
Y cómo, y cuándo y dónde.

CLAVE # 48

APOYE LO CORRECTO Y GANARÁ AUNQUE PIERDA.

Siempre es el tiempo apropiado para hacer lo correcto. «Sea impulsado por la excelencia. Debemos ser impulsados por la excelencia, para que al final de cada día, cada mes, cada año, y por cierto al final de la misma vida, podamos formular una pregunta importante: ¿Hemos demandado lo suficiente de nosotros mismos; y por medio de nuestro ejemplo, hemos inspirado a los que están a nuestro alrededor para que se esfuercen al máximo y logren su potencial más grande?» (Richard Huseman) Sus logros están en relación a sus creencias.

Las personas débiles han hecho más mal que las malvadas. Los problemas de este mundo han sido causados por la debilidad del bien y no por la fuerza del mal. La verdadera medida de una persona se encuentra en la altura de sus ideales, la anchura de su compasión, la profundidad de sus convicciones, y la largura de su paciencia. Eddie Rickenbacker nos alentó con estas palabras: «Piense en forma positiva y magistral, con confianza y fe, y la vida será más segura, más llena de acción, más rica en logros y experiencia».

«De todos los caminos por los cuales podría transitar un hombre, hay, en cualquier momento dado, un camino mejor... una cosa la cual, aquí y ahora, sería la más sabia para que hiciera... encontrar su camino y caminar por él, es algo que el hombre necesita» (Thomas Carlyle). El enfoque correcto de sus pensamientos lo va a guiar a un lugar mejor en la vida.

Tratar de hacer lo mejor y permanecer siendo nosotros mismos es una y la misma cosa. El entrenador John Wooden dijo: «El éxito es tranquilidad mental, la cual es un resultado directo de saber que hizo lo mejor posible para llegar a ser lo mejor que es capaz de ser». Un secreto del éxito es esmerarse sin atropellar a otras personas.

Si usted busca la grandeza, entonces olvídese de la grandeza y pídale a Dios Su voluntad. Encontrará ambas. Harold Taylor dijo: «Las raíces del logro verdadero se encuentran en la disposición de ser lo mejor que puede llegar a ser». Eleve sus normas personales de calidad. A cualquier cosa que pensó que era buena ahora, agréguele 10 por ciento. Lo mejor es lo mejor.

El error más grande que puede cometer en la vida es no ser lo mejor que sabe que puede ser. George Bernard Shaw comentó: «Manténgase limpio y con brillo; usted es la ventana a través de la cual debe ver al mundo». Siga el consejo de Ralph Sockman: «Ponga lo mejor que tiene en lo más alto que conozca, y hágalo ahora».

CLAVE # 49

LOS MILAGROS SIEMPRE COMIENZAN
EN EL CORAZÓN.
—BILLY JOE DAUGHTERY

Cuando me enfrento a una nueva oportunidad o una situación difícil, por lo general me pregunto a mí mismo: «¿Tengo un corazón puro y un espíritu recto?» La oración del Salmo 139.23, 24 es: «Examíname, oh Dios, y conoce mi corazón; pruébame y conoce mis pensamientos, y ve si hay en mí camino de perversidad, y guíame por el camino eterno».

El arma de los valientes reside en su corazón. Horace Rutledge dijo: «Cuando usted mira al mundo con obtusidad, ¡qué malo es el mundo! Cuando lo mira con egoísmo, ¡qué egoísta es! Pero cuando lo mira con un espíritu grande, generoso y amistoso, ¡qué maravilloso lo encontrará!» La Biblia nos aconseja que examinemos todas las cosas y que retengamos las que son buenas (1 Tesalonicenses 5.21).

Margaret Mitchell habló esta verdad: «No hay ninguna cosa desde afuera que pueda derrotarnos a ninguno de nosotros». James Allen agregó: «Usted llegará a ser tan pequeño como su deseo controlador; tan grande como su aspiración dominante». Recuerde esto: Cuando no tiene fuerza interior, no tendrá respeto de los demás.

Si la meta de una persona en este mundo es la correcta, va a evitar el fuego en el mundo venidero. Demasiados niños le tienen temor a la oscuridad, mientras que demasiados adultos le temen a la luz. William Hazelitt observó: «Si la humanidad deseara lo que es correcto, lo podrían haber obtenido hace mucho tiempo». Roger Babson agregó: «Si las cosas no le marchan bien, comience su esfuerzo para rectificar la situación examinando con cuidado el servicio que está prestando y especialmente el espíritu en que lo presta».

Saber lo que es correcto y no hacerlo es tan malo como hacer lo malo. Si invita a los problemas, se van a presentar temprano. Evítese muchos problemas al no llamarlos. He aquí más pensamientos sobre los problemas: No es preciso que se deshaga de problemas viejos para hacer lugar para los nuevos. Nada cuesta más que hacer lo incorrecto.

El hombre que busca problemas siempre los encontrará. La mejor manera de escapar del mal es perseguir el bien. La persona que corteja los problemas muy pronto se encontrará casada con ellos. Avance en línea recta. Todas las curvas demoran su llegada al éxito.

El pastor Joel Budd dijo: «Un corazón sediento es como un paracaídas. Cuando usted tira de la cuerda, se abre y lo salva». Mantenga la cabeza y el corazón en la dirección correcta y no se tendrá que preocupar de los pies.

CLAVE # 50

NO SE RECUESTE Y TOME LO QUE LE LLEGA. BUSQUE LO QUE QUIERE.

Permítame formularle la pregunta que expresa el antiguo adagio: «¿Está usted esperando en Dios, o está Dios esperando en usted?» Yo creo que la mayor parte del tiempo Dios nos está esperando a nosotros. ¿Es Dios su esperanza o su excusa? Estoy convencido de que Dios quiere que usted tome la iniciativa, que viva su vida a la ofensiva. William Menninger dijo: «La cantidad de satisfacción que obtiene de la vida depende mayormente de su propia ingeniosidad, auto suficiencia y la forma en que puede arreglárselas por su cuenta. Las personas que esperan que la vida les supla satisfacción, lo que por lo general encuentran es aburrimiento».

Albert Hubert comentó: «La gente que quiere leche no debería sentarse en un banco en el medio del campo y esperar que una vaca venga hacia ellos». La puerta de la oportunidad no se abrirá a menos que usted la empuje.

Estar a la defensiva nunca ha producido la victoria final. Yo creo que Dios ayuda a los valientes. Siga el consejo de Sara Teasdale: «Yo le saco el mejor provecho a lo que me llega, y el peor a lo que se va».

E. M. Bounds dijo: «No hay ni aliento ni lugar en la religión bíblica para los deseos débiles, los esfuerzos apáticos, las actitudes perezosas; todo debe ser intenso, urgente, ardiente. Los deseos fogosos, apasionados, la insistencia que no ceja le encanta al cielo. Dios quisiera que Sus hijos fueran incorregibles en su seriedad y persistentemente valientes en sus esfuerzos. Cuando usted es valiente, Sus enormes poderes vendrán en Su ayuda.

Helen Keller dijo: «Nunca agache la cabeza. Manténgala en alto. Mire al mundo directamente a los ojos». Si usted quiere éxito, debe aprovechar sus propias oportunidades a medida que avanza.

Estoy de acuerdo con Jonathan Winters: «No pude esperar al éxito —así que avancé sin él». Lilliam Hellman dijo: «Es mejor actuar con confianza, sin importar lo poco que sea el derecho que tiene a eso». El camino que lleva a las cumbres de grandeza está siempre lleno de baches y es cuesta arriba.

George Adams dijo: «En esta vida solo conseguimos las cosas que buscamos, por las cuales nos esforzamos y por las cuales estamos dispuestos a sacrificarnos». No solo enfrente las oportunidades y los problemas; atáquelos. Considere lo que dijo B. C. Forbes: «Los hombres mediocres esperan que las oportunidades les lleguen a ellos. Los hombres fuertes y alerta buscan la oportunidad».

CLAVE # 51

ABECEDARIO PARA EL ÉXITO.

A
Asociaciones

B
Buena reputación

C
Crea

D
Dios

E
Esfuerzo

F
Franqueza

G
Generosidad

H
Hábitos

I
Imaginación

J
Juicio

K
Kilogramos de amabilidad

L
Laboriosidad

M

Mansedumbre

N

Nombre (buen nombre)

O

Organización

P

Pasión

Q

Quietud delante de Dios

R

Reconciliación

S

Sabiduría

T

Tierno de corazón

U

Útil para Dios

V

Virtud

W

Con la potencia de un **W**att

X

e**X**celencia

Y

Yo siempre después de ti

Z

Jamás iré a la **Z**aga

CLAVE # 52

ESPERE ALGO DE LA NADA.

«La fe es poner todos sus huevos en la canasta de Dios, y luego contar sus bendiciones antes que los huevos empollen» (Ramona Carol). Y yo quisiera agregar, y no se preocupe en cuanto a que a Él se le puedan caer. La fe es la fuerza de una vida plena. Yo creo que la causa principal de la infelicidad en el mundo hoy es falta de fe.

Corrie Ten Boom dijo: «La fe es como un radar que ve a través de la niebla la realidad de las cosas a una distancia que el ojo humano no puede ver». La fe ve lo invisible, cree lo increíble y recibe lo imposible. En 2 Corintios 5.7 la Biblia nos desafía a caminar por fe y no por vista.

Así que, ¿qué es la fe? John Spaulding dijo: «Su fe es lo que usted cree, no lo que sabe». El doctor Alexis Carrel dijo: «Es la fe, y no la razón, la que impulsa a los hombres a la acción… la inteligencia se contenta con señalar el camino, pero nunca conduce por dicho camino». Estoy de acuerdo con Blaise Pascal: «La fe es una guía más segura que la razón. La razón puede avanzar hasta cierto límite, pero la fe no tiene límites».

La fe hace posible lo milagroso. Es el camino a la influencia divina de Dios. Estoy de acuerdo con el pastor Tommy Barnett: «La fe es simplemente cuando usted trae a Dios a una situación». ¿Y dónde nos encontramos con Dios? «Dios nos encuentra en el nivel que esperamos, no en el nivel que nosotros quisiéramos» (Gordon Robinson). A veces la fe es creer que lo que ve no es así. Es por eso que la Biblia dice en Hebreos: «Es, pues, la fe la certeza de lo que se espera, la convicción de lo que no se ve» (11.1).

Ejerza fe cuando dudar sería más fácil. La fe es el ancla del alma que estimula a la acción, y es el incentivo para los logros. La fe nunca lo abandonará; usted es el que puede abandonar la fe. Nada sino la fe puede guiar su vida con precisión. La fe nos da el valor para enfrentar el presente con confianza, y el futuro con expectación. Por lo general no es tanto la grandeza de nuestros problemas, sino la pequeñez de nuestra fe lo que causa que nos detengamos o que nos quejemos.

La fe guarda al hombre que guarda la fe. Nadie puede vivir dudando cuando ha orado en fe. La fe o mueve las montañas o abre un túnel a través de ellas. San Agustín dijo: «La fe es creer lo que no vemos; y la recompensa de esta fe es ver lo que creemos». J. F. Clarke dijo: «Toda la fortaleza y fuerza de un hombre viene de su fe en las cosas que no se ven. El que cree es fuerte; el que duda es débil. Las convicciones fuertes preceden a las grandes acciones».

La fe es necesaria para el éxito. George Spaulding dijo: «La vida sin fe en algo es un espacio demasiado angosto en el cual vivir». Usted se sentirá confinado toda su vida cuando no vive por fe. A medida que su fe aumenta, encontrará que ya no necesita ejercer control. Las cosas fluirán como Dios dispone y usted podrá fluir con ellas para su gran felicidad y beneficio. Colin Hightower dijo: «La fe es construir sobre lo que usted sabe que está aquí, para poder alcanzar lo que sabe que está allí». Escuche las palabras de Franklin Roosevelt: «El único límite a nuestros logros de mañana será nuestra duda de hoy». Avancemos con una fe fuerte y activa.

Una palabra final

Sea la persona que Dios creó para que sea. No se conforme con nada menos. Confíe en esto: «Porque yo sé muy bien los planes que tengo para ustedes afirma el Señor, planes de bienestar y no de calamidad, a fin de darles un futuro y una esperanza» (Jeremías 29.11, Nueva Versión Internacional).

JOHN MASON es fundador y presidente de *Insight International* y autor de diez libros incluyendo *Un enemigo llamado promedio*, es ministro y orador inspiracional. John, su esposa y sus cuatro hijos viven en Tulsa, Oklahoma.

Usted puede comunicarse con él con sus peticiones de oración o si tiene preguntas a la siguiente dirección:

John Mason
Insight International
P.O. Box 54996
Tulsa, OK 74155

www.freshword.com
johnmason@freshword.com